Gerhard Holotik

Kurz und bündig

Gerhard Holotik

Kurz und bündig

Predigten zum Lesejahr C

Fromm Verlag

Imprint
Any brand names and product names mentioned in this book are subject to trademark, brand or patent protection and are trademarks or registered trademarks of their respective holders. The use of brand names, product names, common names, trade names, product descriptions etc. even without a particular marking in this work is in no way to be construed to mean that such names may be regarded as unrestricted in respect of trademark and brand protection legislation and could thus be used by anyone.

Cover image: www.ingimage.com

Publisher:
Fromm Verlag
is a trademark of
International Book Market Service Ltd., member of OmniScriptum Publishing Group
17 Meldrum Street, Beau Bassin 71504, Mauritius

Printed at: see last page
ISBN: 978-620-2-44273-2

VORWORT

Gerne folge ich der freundlichen Einladung des Fromm-Verlages, Predigten von mir zu veröffentlichen. Nachdem ich nun schon durch Jahrzehnte meine Predigten nicht nur genau vorbereitet, sondern immer auch schriftlich festgehalten habe, habe ich im Hinblick auf das kommende Lesejahr „C“ Predigten für alle Sonntage des Kirchenjahres und für die einzelnen Hochfeste ausgewählt.

Diese Predigten habe ich so gehalten, wie sie hier wiedergegeben werden. Stets war ich bemüht, mehr als etwa nur eine meditierende Nacherzählung des Evangeliums zu bieten. Bei allem Bemühen um theologische Vertiefung wollte ich dennoch allgemein verständlich bleiben, wie es eben in einer durchschnittlichen Pfarre erforderlich ist. Zudem versuchte ich, einen Bezug der biblischen Texte zur Gegenwart bzw. zu Situationen des täglichen Lebens herzustellen.

Es würde mich freuen, wenn ich dem einen oder anderen Denkanstöße vermitteln und in manchen Fällen eine neue Perspektive eröffnen kann. Für die biblischen Bücher habe ich die üblichen Abkürzungen gewählt; „KKK“ steht für den Katechismus der katholischen Kirche, „GL“ für Gotteslob.

Abschließend danke ich meinen Mitarbeiterinnen und Mitarbeitern vom Diözesan- und Metropolitangericht Salzburg für ihre jahrelange freundschaftliche Verbundenheit und Unterstützung. Besonders zu danken habe ich Frau Inese Skucenkova vom Verlag Fromm für ihre Anregungen und die Betreuung bei der Herausgabe dieser Predigten.

Salzburg, August 2018 Dr. Gerhard Holotik

INHALTSVERZEICHNIS

1. ADVENTSONNTAG (Lk 21,25-28.34-36)

Gegen Ende Oktober haben wir wieder die Uhren umgestellt: von der Sommer- auf die Winterzeit. Längst nicht alle sind darüber erfreut gewesen, es gibt Probleme. Und der Wirtschaft bringt es ebenfalls nicht viel. Aber was hilft es – man muss sich auf die jeweilige Zeit einstellen! Sonst könnte man wichtige Termine versäumen. Wer zu spät kommt, den bestraft das Leben.

Gilt das nicht in ähnlicher Weise hinsichtlich des religiösen Lebens? Könnte man da nicht noch mit viel größerer Berechtigung sagen: wer etwas versäumt, den bestrafen nicht andere, nein, der schadet sich selbst? Was aber heißt das nun konkret? Mit diesem Sonntag erfolgt doch gleichsam eine liturgische Zeitumstellung: es beginnt das neue Kirchenjahr. Damit beginnt zugleich die Adventzeit.

Diese sollte eine Zeit der Vorbereitung auf das Fest der Geburt des Herrn sein. Würde man das übersehen, könnte man von Weihnachten förmlich überrascht werden. Wieso aber kann das möglich sein? Denken wir etwa an das Binden eines Adventkranzes. Dafür braucht man einen Reifen, darauf wird das grüne Reisig geflochten. Wird das gut gemacht, erkennt man nach der Vollendung des Kranzes nicht mehr, wo der Anfang und wo das Ende war.

Da geht nämlich eines in das andere über. Kann es einem mit dem liturgischen Kirchenjahr nicht ähnlich ergehen? Da folgt ein Sonntag auf den anderen; darin eingebettet die großen kirchlichen Feste: Weihnachten, Ostern, Christi Himmelfahrt, Pfingsten, Maria Himmelfahrt, auch Allerheiligen. So geht ein liturgisches Jahr dahin, geht fließend zu Ende und geht nahtlos über in ein neues Jahr.

Dabei kann man übersehen, sich einmal ganz bewusst aus dem Fluss der Zeit herauszunehmen und sich zu fragen: wo stehe ich? Wo soll das alles hinführen? Was ist im Leben wesentlich? Worin besteht für mich der Ruf der Stunde? Das II. Vatikanum hat es als Pflicht der Kirche gesehen, „nach den Zeichen der Zeit zu forschen und sie im Licht des Evangeliums zu deuten“ (GS 4).

Was also der Kirche als ganzer aufgetragen ist, gilt auch für jeden Einzelnen: nämlich gemäß dem heutigen Evangelium sich nicht überraschen zu lassen, sondern rechtzeitig das zu tun, was jeweils getan werden muss. Zwar hat jedes Ende, hat jeder Abschied etwas Melancholisches an sich. Aber wir können getrost weitergehen in der Überzeugung, dass damit ein neuer Anfang gegeben ist, gerade jetzt im Advent, der Zeit der Vorbereitung. Bis einmal die große Zeitumstellung erfolgt und wir hinübergehen aus dem Vergänglichen in das Unvergängliche und wir die Liebenswürdigkeit Gottes erfahren dürfen!

8. Dezember: MARIA EMPFÄNGNIS (Lk 1,26-38)

Manche Zeitschriften bringen Romane in Fortsetzungen; ab der zweiten Folge findet sich jeweils der Vorspann: „Wie alles begann…Was bisher geschah." Warum wohl? Damit Leser, die erst später in die Lektüre eingestiegen sind, besser verstehen, worum es geht. Gilt das nicht ebenso für unser heutiges Fest? Wie lässt sich sonst erklären, warum uns Katholiken das Dogma der ohne Erbsünde empfangenen Jungfrau und Gottesmutter Maria soviel bedeutet? Die Vorgeschichte dazu: ein Blick in die Welt zeigt, dass wir erlösungsbedürftige Menschen sind.

Neben vielem guten Bemühen herrscht ein Teufelskreis des Unheils, in dem Sünden immer wieder neue Sünden hervorbringen. Sündhafte politische, wirtschaftliche und gesellschaftliche Strukturen sind vom Einzelnen nicht aufzubrechen. Woher kann Rettung kommen? Da markiert das heutige Fest mit dem Lukas-Evangelium einen Neubeginn. Es schildert, wie der Engel Gabriel bei Maria eintritt. Dem Gruß des Engels dürfen wir entnehmen, dass Maria kraft des Geistes die Begnadete schlechthin ist.

Doch was ist das für ein Geist? Um das zu verstehen, müssen wir gleichsam an den Uranfang zurückgehen. Da heißt es nämlich zu Beginn des Schöpfungsberichtes: „Im Anfang war die Erde wüst und wirr, aber der (ordnende) Geist Gottes schwebte über dem Wasser" (Gen 1,1 f). Dieser Geist Gottes hat im Rahmen der Dreifaltigkeit nicht nur an der Erschaffung der Welt mitgewirkt, sondern er war auch weiterhin wirksam, besonders in ausgewählten Personen hat er sich zunehmend bemerkbar gemacht.

Darum singen wir in einem Kirchenlied: „Der Geist des Herrn erfüllt das All"; und dann weiter: „Der Geist des Herrn erweckt den Geist in Sehern und Propheten" (GL 347,1./2. Strophe). Erst recht erfahrbar wird dann dieser Gottesgeist am Anfang des Neuen Testaments: durch das Wirken des Geistes wird ein Neubeginn gesetzt. Denn diese „Kraft des Höchsten" – wie es im Evangelium heißt – wird Maria durch die Botschaft des Engels zugesagt. Mit einer doppelten Wirkung!

Maria gilt für uns als die Begnadete schlechthin; sie ist von Anfang an frei von aller persönlichen Sündhaftigkeit geblieben. Diese Sündenlosigkeit wird verstehbar im Hinblick auf ein Zweites: durch das Wirken des Heiligen Geistes sollte sie ein Kind empfangen, dem sie den Namen „Jesus" geben sollte. Maria hat uns also mit ihrem „Ja" zum göttlichen Heilsplan den Erlöser geschenkt.

So ehren wir mit dem heutigen Fest nicht nur Maria, sondern benennen zugleich auch den Grund unserer Freude: dürfen wir doch im Hinblick auf ihre Fürsprache hoffen, dass wir die Kraft von oben in den Kämpfen unseres Lebens erfahren. Möge das, was seinerzeit in Nazareth begann, in uns und durch uns eine gute Fortsetzung finden!

2. ADVENTSONNTAG (Lk 3,1-6)

Da steht er also vor uns: der „Rufer in der Wüste"! Wohl steht er einsam da, aber er wird gehört. Als Vorläufer des Herrn sagt er von sich: „Nach mir kommt einer, der stärker ist als ich" (Lk 3,16). Damit wird Johannes zu einem „Engel" mit einer wichtigen Botschaft. Diese Benennung „Engel" mag überraschen – aber: was heißt denn eigentlich „Engel"? Im Griechischen findet sich dafür das Wort „angelos", das bedeutet „Bote". Ein Engel ist also ein Bote Gottes.

Wenn daher Markus (1,2) das Wort des Jesaja aufgreift und auf den Täufer anwendet: „Ich sende meinen Boten vor dir her", dann steht im griechischen Text „angelos". Johannes ist somit ein Bote Gottes, ein Engel mit einer wichtigen Ankündigung an der Schwelle zum öffentlichen Auftreten Jesu. Wie ein Herold dem Herrscher früher vorausgelaufen ist, so ruft der Täufer im Namen Gottes: „Bereitet dem Herrn den Weg!" Das ist eine zeitlos gültige Botschaft!

In früheren Zeiten hat man das vor allem so verstanden: jeder Christ möge gerade im Advent in sich gehen, um ein noch besserer Christ zu werden. Weil sich aber Gott nicht gleichsam wie mit einem Brecheisen den Zugang zum Menschen erzwingt, ist jeder Gläubige eingeladen, sich selbständig dem Wort Gottes und dem Anspruch seiner Gnade zu öffnen. Wenn das auch etwas Innerliches ist, so muss es sich doch auch irgendwie nach außen hin zeigen.

Deswegen schleudert der Rufer in der Wüste gemäß dem Matthäus-Evangelium den typischen Pharisäern entgegen: „Ihr Schlangenbrut!“ Das meint: tut nicht so als ob, sondern seid ehrlich! Entweder wollt ihr bleiben, wie ihr seid, dann kommt nicht zu mir an den Jordan! Oder ihr ändert euer Leben und legt ein Verhalten an den Tag, das eure Umkehr anzeigt (Mt 3,7 f). Was damit gemeint sein dürfte, können wir dem Lukas-Evangelium entnehmen (3,10-14). Echte Umkehr muss sich nämlich auch im sozialen Verhalten zeigen.

Man sollte deswegen bereit sein zu teilen; keine überzogenen Ansprüche stellen, wie es von den Zöllnern berichtet wird; niemanden misshandeln oder erpressen, wie es bei den Soldaten vorgekommen ist. Wenn sich viele Bekehrte zusammentun, dann müssten sich auch die gesellschaftlichen Verhältnisse ändern. In diesem Sinne hat der Bote Gottes am Jordan laut und deutlich gerufen: „Kehrt um!“ Viele haben es gehört – zu wenige haben diese Botschaft angenommen.

Das hat unter anderem schließlich zum politischen Untergang des Judentums und zur Zerstörung des Tempels geführt. Ein Hinweis für uns heute! Denn nach wie vor gilt die Botschaft des Täufers: „Bereitet dem Herrn den Weg!“ Viele spüren: so kann es nicht weitergehen, es braucht Reformen! Wenn wir damit bei uns selbst beginnen und zusammen mit anderen den Glauben bezeugen, wird der Advent seine Wirkung entfalten. Denn wir alle sind berufen, Vorläufer des Herrn und Engel seiner guten Botschaft zu sein.

3. ADVENTSONNTAG (Lk 3,10-18)

Die großen Fragen der Menschheit sind ebenso alt wie einfach: Woher kommen wir? Wer also sind wir? Wohin gehen wir? Was sollen wir somit tun? Wer auf diese Fragen eine überzeugende Antwort gibt, darf als Prophet gelten. Wie zum Beispiel Johannes der Täufer. Der wusste sich von Gott gerufen. Er hat betont einfach gelebt, damit hat er seiner Botschaft Nachdruck verliehen.

Was hat dieser Rufer in der Wüste aber zu sagen gehabt? Seinen Zuhörern musste Johannes nicht erst erklären, dass der Mensch von Gott erschaffen sei, also von Gott komme. Im Besonderen hat es zum Selbstverständnis der Juden gehört, Angehörige des auserwählten Volkes zu sein. Allerdings hat der Täufer den Schriftgelehrten und Pharisäern vorgehalten, dass sie sich nicht auf ihre Abstammung verlassen dürften. Sie würden nicht schon deswegen dem Gericht Gottes entgehen, weil sie Abraham zum Stammvater hätten.

Man muss sich mithin bewusst für das Kommen des Herrn bereiten: das ist auch unser Problem! Denn wir alle gehen auf das Gericht Gottes zu. Dann wird eine Trennung erfolgen ähnlich der, wie sie zur Zeit der Ernte beim Dreschen stattfindet. Entweder ist man dann Spreu oder Weizen – ein Mittleres gibt es nicht, auch beides zugleich geht nicht! „Was also sollen wir tun?" Diese Frage wird an den Täufer gerichtet. Sie ergibt sich ganz von selbst für jeden denkenden Menschen.

Die Antwort des Johannes ist ebenso einfach wie überzeugend: das Nächstliegende tun, wie es einem das Gewissen eingibt! Im Hinblick auf die Probleme der heutigen Zeit könnte man formulieren: werdet sensibel für die sozialen Unausgewogenheiten, wodurch die Reichen immer reicher, die Armen aber immer ärmer werden. Und: tappt nicht in die Konsumfalle! Denn wohl verspricht die Werbung gerade in dieser vorweihnachtlichen Zeit das große Glück, wenn man nur bestimmte Dinge kauft – aber die Menschen werden nur abhängiger.

Der bloße Eigennutz macht aus Konsumenten Konkurrenten. Oberflächliche Frömmigkeit verstellt den Blick auf das Wesentliche; wer aber Gott aus den Augen verliert, ist in Gefahr, bald die Mitmenschen zu übersehen. Der Rufer in der Wüste hat also auf die großen Fragen der Menschen Antworten gegeben, die die Leute bewegt haben. Deswegen sind sie ja in Scharen an den Jordan gezogen. Denn sie haben gespürt: hier erkennt einer die Zeichen der Zeit, hier kennt einer unsere Nöte.

Wenn man somit auf Johannes hört, lässt sich Unheil abwenden. Deswegen haben diese Pilger auch die deutliche Sprache des Täufers ertragen. Vor allem aber wird es die Ankündigung gewesen sein, die nur am Jordan zu hören war: der Messias kommt! Alle Menschen werden das Heil sehen, wenn sie dem Herrn die Wege bereiten. Auf uns angewendet: was also sollen wir heute tun? Hellhörig werden für die Botschaft des Johannes und damit adventliche Menschen werden! Dann sind wir für das Fest der Geburt des Herrn vorbereitet.

4. ADVENTSONNTAG (Lk 1,39-47)

Wie gegensätzlich doch die Evangelien-Texte dieser Adventzeit sind! Am zweiten und dritten Adventsonntag haben wir vom Auftreten Johannes des Täufers gehört; er hat eine deutliche Sprache gesprochen, moralische Weisungen standen bei ihm im Vordergrund. Heute vernehmen wir den Bericht von der Begegnung zweier schwangerer Frauen. Diesmal steht die Freude im Vordergrund. Auf alten Bildern werden Elisabet und Maria mit einem Lächeln auf den Lippen dargestellt. Das ist eine Botschaft auch für unsere Zeit.

Sie besagt: im Leben geht es noch um ganz andere Dinge als nur um Kaufen und Verkaufen, um Shoppen und gute Geschäfte! Da geht es zunächst um die ganz selbstverständliche Freude über das werdende Leben – beide Frauen sind ja guter Hoffnung, wie wir sagen. Dazu kommt dann die theologische Bedeutung dieser Begegnung. Johannes der Täufer ist in der Öffentlichkeit aufgetreten, davon haben naturgemäß viele erfahren.

Doch die Begegnung der beiden Frauen fand im Verborgenen statt – warum berichtet Lukas dennoch darüber? Und was verbindet diese so unterschiedlichen Ereignisse miteinander? Ein erster Aspekt: die beiden Frauen haben wechselseitig erkannt, dass sie von Gott gesegnet sind. Denn Elisabeth war über das Alter hinaus, in dem sie ein Kind hätte erwarten dürfen. Ein besonderes Eingreifen Gottes hat ihr geschenkt, was menschlich undenkbar gewesen ist.

Und erst recht wusste Maria, dass sie mit ihrer Leibesfrucht von Gott gesegnet war, wie es im Evangelium heißt. Das also hat die beiden mit Freude erfüllt, davon wird Maria später den ersten Christen erzählt haben. Damit verknüpft ist ein zweiter Aspekt, warum diese Ereignisse überliefert wurden: nicht nur die beiden Frauen haben von einander gespürt, wie es um sie steht – der Vorläufer des Herrn, Johannes, machte sich schon damals bemerkbar! Schon im Mutterleib hat er offenkundig den verheißenen Messias erkannt.

Das war eine Vorankündigung dessen, was später seine Lebensaufgabe werden sollte: nämlich den Erlöser zu erkennen und auf den hinzuweisen, der anlässlich der Taufe im Jordan zunächst unerkannt unter den Menschen gestanden ist. So sollten durch Johannes dem Herrn die Wege bereitet werden. Damit wird ein dritter Aspekt erkennbar, wie die Dinge miteinander zusammenhängen und warum das alles berichtet wird. Wir könnten noch weiter fragen: Warum wird genau dieses Evangelium am Sonntag vor Weihnachten verkündet?

Die liturgische Antwort der Kirche lautet: wir sollten vorbereitet werden für das Fest der Menschwerdung unseres Erlösers. Als Christen dürfen wir uns ähnlich wie Elisabeth und Maria von Gott gesegnet wissen. Wenn wir uns dem Wirken des göttlichen Geistes öffnen, wird auch in uns das Wort Gottes Gestalt annehmen. Und es wird uns jene Freude geschenkt werden, für welche das Fest Weihnachten zeichenhaft steht.

METTE (Jes 9,1-6; Lk 2,1-14)

Es war ein ganz gewöhnlicher Tag. In der Umgebung von Bethlehem hüteten Hirten ihre Herden. Worüber sie wohl miteinander geredet haben? Halt über das Übliche: Wie es geht? Wie es vor allem den Schafen geht? Ob es genügend Regen geben werde? Ob die Schafe genug zum Fressen finden könnten? Vielleicht auch noch: ob man das Joch der ungeliebten, römischen Besatzungsmacht werde abschütteln können?

Denn das hatten diese Schäfer vermutlich auch reden gehört: es gebe Hoffnung auf einen Messias, einen Befreier! Der werde eine neue Herrschaft errichten. Und so wird es Abend geworden sein auf diesem Feld bei Bethlehem. Die Sonne ging unter, ein dunkler Schleier zog wie eine Art Zeltdach über den Himmel. Dahinter wanderte die Sonne wieder zurück, um am nächsten Tag im Osten erneut aufzugehen.

So sah nämlich damals eine verbreitete Vorstellung aus. Der zufolge müsste hinter diesem dunklen Schleier eine große Helligkeit sein, welche Menschen nicht ertragen könnten. Die Sterne ließen etwas davon durchscheinen. Umso betroffener waren diese Männer, als sich unvermittelt der Himmel auftat und etwas von dieser Helligkeit alles in ein neues Licht tauchte. Durch die Botschaft des Engels durften die Hirten in dieser denkwürdigen Nacht erfahren, dass es mehr gibt, als den täglichen Kampf ums Überleben.

Es gibt ein Licht, das nicht blendet, sondern Freude bereitet. Und dieses Licht ist gleichsam gebündelt in einem Kind erschienen, es liegt in einer Krippe wie andere Kinder auch. Doch genau das ist der erwartete Messias, der Retter.

Diese wunderbare Geburt ereignet sich ganz in der Nähe dieser Hirten, nicht in einem Palast. Dieses Kind Jesus ist das Gegenteil eines Feldherrn; es erscheint als Friedensbringer, der Freude bereiten wird. Die Kunde über ihn wird daher später „Frohbotschaft" genannt werden.

Nach dieser Ankündigung haben sich die Engel wieder in den Himmel zurückgezogen. Aber die Schäfer sind aufgebrochen und zum neuen Licht im Stall von Bethlehem geeilt. Dort haben sie – wie angekündigt – Maria, Josef und das Kind gefunden. Damit hat sich die Voraussage des Propheten Jesaja bewahrheitet: „Das Volk, das im Dunkeln lebt, sieht ein helles Licht." Wir haben es in der Lesung gehört. Die Hirten durften es erfahren, sie wurden damit selbst zu Lichtbringern.

Die Erfahrung dieser Männer ist zugleich eine Zusage an uns. Auch im ganz gewöhnlichen Leben kann es Weihnachten werden. Gott ist uns näher, als wir es manchmal empfinden; auch dann, wenn sich über unser Leben förmlich ein dunkler Schleier zu legen scheint. Möge durch die Geburt Jesu in uns hell werden, was uns schwer auf dem Herzen liegt! Wir werden das Licht der heiligen Nacht einst unverhüllt schauen dürfen!

WEIHNACHTEN / IN DER MORGENFRÜHE (Lk 2,15-20)

„Fürchtet euch nicht, denn ich verkünde euch eine große Freude!" Dieser Gruß gilt zunächst den Hirten auf dem Feld bei Bethlehem. Aber diese Freudenbotschaft soll sich nach den Worten des Engels ausbreiten. So eilen die Hirten als erstes zur Krippe und erzählen, was ihnen der Herr verkünden ließ. In ihrer Freude rühmen und preisen sie Gott, voll Dankbarkeit darüber, dass sich die Ankündigung des Engels bewahrheitet hat. Das hat ihr Leben verändert. Das haben sie weitererzählt.

Doch auch Maria war ergriffen, aber sie reagierte offensichtlich eher verhalten. Sie „bewahrte alles, was geschehen war, in ihrem Herzen und dachte darüber nach." So ist uns der Text geläufig – gibt er aber korrekt wieder, was der biblische Schriftsteller ausdrücken wollte? Was heißt denn das „bewahren"? Manche kaufen eine schöne Bibelausgabe und „bewahren" sie in ihrer Bibliothek – aber sie schauen nicht hinein. Oder sollte man das Wort Gottes konservieren (Vulgata: conservabat), wie man alte Gemälde gegebenenfalls restauriert, an ihnen aber nichts verändert?

Doch auch ein steriler Umgang mit dem Wort Gottes kann nicht gemeint sein! Nein, vielmehr „bewachte" (synetéerei) Maria gleichsam das, was ihr erzählt worden war, wie einen kostbaren Schatz. So legt es der griechische Text nahe. Und sie dachte nicht nur darüber nach, sondern sie hat es immer tiefer erfasst und durchdrungen (symbállousa). Weil sie eben von all dem im Innersten bewegt war, ist das menschgewordene Wort Gottes weiterhin in ihr lebendig geblieben.

Durch Maria hat Gott ein menschliches Angesicht erhalten; so wurde Jesus für uns das „Ebenbild des unsichtbaren Gottes" (Kol 1,15). Vor Jahren hat man von einem „Papst zum Angreifen" gesprochen. Weihnachten zeigt uns einen „Gott zum Angreifen" und zum Anschauen. Denn durch die Geburt von Bethlehem wird er einer von uns. In dem Kind Jesus wird aber Gott zugleich auch verletzlich und zum Symbol für alle Schutzbedürftigen. Gott ist uns wahrlich nahe gekommen, wie es sonst keine andere Religion kennt.

Das ist das Geschenk von Weihnachten, etwas, das der Mensch nicht machen, sondern nur annehmen kann. Und so kann man auch die Weihnachtsfreude nicht "machen" oder gar erzwingen. Aber man kann dem Beispiel der Hirten folgen – wie es heute wieder viele mit dem Kirchgang tun -, um sich erneut durch die Frohbotschaft von Weihnachten ansprechen zu lassen. Und wie die Hirten dürfen wir dankbar davon erzählen, was wir gesehen und gehört haben. Dann werden wir wie die Gottesmutter das Geheimnis der heiligen Nacht immer tiefer erfassen und bewahren können (Mette, Tagesgebet).

FEST DER HEILIGEN FAMILIE (Lk 2,41-52)

Heute feiern wir das „Fest der heiligen Familie". Die Kirche möchte damit auf die Bedeutung der Familie hinweisen. Sie tut es im Hinblick auf Jesus, Maria und Josef. Dabei kann man bei diesen drei Personen nur im uneigentlichen Sinn von „Familie" sprechen. Warum? Gemäß dem Evangelisten Matthäus zeigte sich nämlich, noch bevor Josef und Maria zusammengekommen waren, dass Maria durch das Wirken des Heiligen Geistes ein Kind erwartete. Das wird Josef durch eine innere Schau – durch einen „Traum" – vermittelt.

Daraufhin nimmt dieser die Gottesmutter zu sich, aber: „er erkannte sie nicht“ (Mt 1,18 ff.25), wie der Evangelist ausdrücklich vermerkt. Wir Katholiken verstehen das so, dass Maria und Josef Zeit ihres Lebens wie Bruder und Schwester zusammengelebt haben, wobei Josef die Rolle des Vaters für den irdischen Bereich wahrgenommen hat; deswegen wir er ja auch als „Nährvater“ Jesu bezeichnet. Dazu passt eine Stelle aus dem heutigen Evangelium. Maria macht nämlich dem 12-jährigen Jesus den Vorwurf:

„Kind, wie konntest du uns das antun? Dein Vater und ich haben dich voller Angst gesucht!“ Und Jesus antwortet: „Wusstet ihr nicht, dass ich in dem sein muss, was meinem Vater gehört?“ Der Evangelist unterlässt es also nicht, eigens darauf hinzuweisen, dass auch Josef und Maria das alles damals nicht wirklich fassen konnten. Wenn man daher auch nicht von einer Familie im landläufigen Sinn sprechen kann, so sind uns Jesus, Maria und Josef doch Vorbild für ein christlich verstandenes Zusammenleben.

Zumal man ja früher den Familienbegriff weiter gefasst hat, und zwar im Sinne der Großfamilie, zu der auch Unverheiratete gehört haben. In diesem Sinne hat die vergangene Familiensynode von „erweiterter Familie“ gesprochen, zu der ebenso Großeltern, Tanten und Onkeln etc. gehörten. Ich zum Beispiel habe erst im reiferen Alter erfahren, dass das erste Wort meines Lebens „Tante“ gewesen sein soll. Diese Tante ist unverheiratet geblieben und war mir immer sehr verbunden.

In diese, von der Synode eingeschlagenen Richtung weist auch ein Satz aus 1 Tim (5,8): „Kümmert sich jemand nicht um seine Angehörigen, besonders wenn sie mit ihm zusammenwohnen, dann verleugnet er damit den Glauben und ist schlimmer als ein Ungläubiger.“ Das gilt für die Familie, das gilt für jede Hausgemeinschaft, das gilt für das kirchliche Leben insgesamt, wie Paulus schreibt: „Wir wollen, solange wir noch Zeit haben, allen Menschen Gutes tun, besonders aber denen, die mit uns im Glauben verbunden sind“ (Gal 6,10).

Nach diesen Grundsätzen versuchen auch wir hier in unserer Pfarre das kirchliche Leben zu gestalten: mit allem Erfreulichen und mit allen Problemen, wie sie eben mit dem Zusammenleben verbunden sind – aber wir halten wir eine große Familie zusammen!

NEUJAHR (Num 6,22-27; Lk 2,16-21)

„An Gottes Segen ist alles gelegen“, so lautet eine Redensart. Ob heutzutage viele noch so denken? Nicht, dass man etwas gegen Gott oder die Kirche hätte – aber ist das alles nicht recht bedeutungslos geworden? Vom Segen Gottes wird leider kaum noch gesprochen. Wir Christen hingegen sind überzeugt, dass vom Segen Gottes alles abhängt, auch wenn dieser Segen nicht unbedingt in äußerlichen Erfolgen seinen Ausdruck findet.

Darum stellt die Kirche sehr bewusst den Segen Aarons an den Beginn dieses Jahres: „Der Herr segne dich und behüte dich!“ Was heißt das eigentlich, gesegnet zu sein? Wenn zum Beispiel jemand schwer krank ist und man nicht anders helfen kann, dann legt man die Hand auf seine Schulter. Der Kranke soll fühlen: da ist jemand in meiner Not bei mir. Wer sich von Gott gesegnet weiß, fühlt ähnlich die Hand Gottes auf seiner Schulter.

Bezeichnender Weise lautet die Anweisung am Ende des Aaronsegens: „So sollen sie meinen Namen auf die Israeliten legen!“ Wenn wir gesegnet werden, legt sich Gottes schützende Hand auf uns und wir hören die Zusicherung: „Hab keine Angst, ich bin da, wo immer du bist.“ In seinem Segen wendet sich also Gott uns zu, wie sich jemand uns freundlich zuwendet. Darum die Bitte: „Der Herr wende dir sein Angesicht zu.“ Wenn jemand etwas Böses im Schilde führt, wendet er sich ab, wie es von Kain berichtet wird (Gen 4,5 ff).

Im Segen Gottes aber erfahren wir, dass der Herr uns zugewandt ist. Diese Zuneigung Gottes hat durch die Menschwerdung der zweiten göttlichen Person Gestalt angenommen, Jesus Christus ist einer von uns geworden. Diese Zuwendung sollen wir erwidern, und zwar nicht nur Gott gegenüber. Denn auch den anderen wendet sich Gott zu. Etwas vom weihnachtlichen Frieden wird nur dort gegenwärtig, wo sich beispielshalber zwei Menschen wieder anschauen, die sich zuvor nicht mehr ausstehen und ansehen konnten.

Wenn nämlich der Herr uns sein Angesicht zuwendet, dann können auch wir vor dem Nächsten nicht die Augen verschließen. Nehmen wir auf diese Weise den Segen Gottes an und geben ihn weiter, können wir auch Frieden schließen mit allen Ungereimtheiten des eigenen Lebens; wir können annehmen und akzeptieren, was wir an unerfüllten Erwartungen und Wünschen in uns tragen.

Als von Gott Gesegnete vermögen wir nun unsererseits zum Segen für andere zu werden. Denn wir dürfen segnen! Aufgrund der Taufe haben wir ja Anteil am allgemeinen Priestertum. Dadurch sind wir ermächtigt zu segnen, mag es in der Stille unseres Herzens geschehen oder in Form eines ausdrücklichen Segenswunsches. Wenn wir uns so unter Gottes Schutz stellen und seinen Segen weitergeben, dann wird dieses Jahr wahrhaft ein gesegnetes Jahr werden!

2. SONNTAG NACH WEIHNACHTEN (Joh 1,1-5.9-14)

Vor einiger Zeit konnte ich in einem öffentlichen Verkehrsmittel Volksschülerinnen beobachten. Diese 7-8-Jährigen haben ganz intensiv miteinander geredet. Bis eine Schülerin einer anderen erbost vorgeworfen hat: „Du hörst ja gar nicht, was ich sage!" Da hat man deutlich den Tonfall der Eltern herausgehört. Wahrscheinlich haben diese auch schon öfters ihre Tochter gemahnt: „Du hörst ja gar nicht, was wir sagen!" Doch – ist das nur ein Problem der Eltern mit ihren Kindern?

Gilt nicht ebenso für Erwachsene: man hört nur halbherzig hin, überhört damit aber Wesentliches? Dabei zeigt gerade das Zuhören, dass man andere und ihre Anliegen ernst nimmt. Gehen wir noch einen Schritt weiter. Könnte nicht ebenso Gott den Vorwurf erheben: „Meine lieben Christen, ihr hört ja gar nicht, was ich euch sagen möchte!" Bestimmt trifft das nicht auf jene zu, die hier anwesend sind. Umgekehrt: die es angehen würde, sind leider nicht hier. Dennoch die bange Frage: wird gehört, was Gott sagt, was er sagen möchte?

Darauf einzugehen, ist nicht eine Frage der Höflichkeit: wo man nur so tut „als ob", innerlich aber nicht beteiligt ist. Ferner kann es nicht nur darum gehen, informiert zu sein; wie man etwa den Wetterbericht von einem anderen Kontinent zur Kenntnis nimmt. Nein, es geht um mehr, es geht um unser Leben! Denn „das Wort" schlechthin kam in die Welt, dieses Wort ist Fleisch geworden! Dieses Wort ist es, das schon im Anfang war und ohne das nichts geworden ist.

Es ist jenes Wort, das Leben gibt und Licht für unseren Lebensweg sein möchte. Dieses Wort sollte gehört werden, weil der Glaube im Hören gründet, wie Paulus schreibt (Röm 10,14.17). Doch nicht wenige sagen: ich höre nichts. Ob nicht auf diese das Wort Jesu zutrifft: eigentlich hätten sie Ohren zum Hören, daher sollten sich auch hören: aber sie hören eben nicht (Mk 4,9.23) - weil sie sich nicht anstrengen möchten, weil sie sich von anderen Stimmen ablenken lassen. Religiös sind sie schwerhörig geworden.

Dennoch: das Wort kam in die Welt, es wird in der Kirche verkündet, es kann gehört werden. Die Kirche ihrerseits kann und will niemanden zum Glauben zwingen, sie kann nur einladen: seid nicht wie unreife Kinder, die das Zuhören noch nicht gelernt haben! Öffnet euch der frohen Botschaft, und ihr werdet das Leben haben!

ERSCHEINUNG DES HERRN (Jes 60,1-6; Mt 2,1-12)

Heute noch einmal steht das „Christkind" im Mittelpunkt des Feierns. Allerdings muss man verstehen, wie das gemeint ist. Denn in unserem festtäglichen Evangelium wird nicht berichtet, was eventuell das Kind Jesus getan oder gesagt hätte. Wenn wir dann aber eine unserer Krippen anschauen, fällt auf, dass nicht die sogenannten „Drei Könige" im Zentrum stehen; vielmehr ziehen sie zum Zentrum hin, und das ist eben Jesus. Was soll damit verdeutlicht werden? Und: inwiefern können uns die Sterndeuter aus dem Osten ein Vorbild sein?

Das heutige Evangelium zeigt uns, wie diese Männer ihren Glaubensweg gegangen sind. Eine technische Errungenschaft aus neuerer Zeit kann uns dabei eine Verstehenshilfe bieten. Viele Autos haben heute schon ein GPS-Gerät eingebaut. Dieses funktioniert durch Satellitenfunk. Aus dem Weltraum von einem Satelliten kommen die Signale. Hat man sein Gerät eingeschaltet, kann man ziemlich genau seine Position feststellen und sieht schematisch den beabsichtigten Weg.

Aber wenn man sein Gerät nicht eingeschaltet hat? Dann helfen die Signale des Satelliten gar nichts. Ähnlich ist es mit dem Gewissen: wenn man das sozusagen nicht „eingeschaltet" hat, dann wird man diese innere Stimme nicht hören. Doch genau diese geistige Wachheit unterscheidet die Weisen aus dem Osten von anderen. Vor allem: sie folgen dem „Signal", das von oben gekommen ist.

Vielleicht war der Stern, der diesen Männern aufgegangen ist, nicht so prächtig wie die Sterne unserer Sternsinger. Und so bunt wie unsere Sternsinger werden diese Magier auch nicht gekleidet gewesen sein. Schließlich mussten sie wirklich lange Zeit durch die staubige Wüste wandern. Denn auch wenn man seinem Stern folgt, kann das Leben anstrengend sein, es kann langweilig werden; und es kann Durststrecken geben, ähnlich wie auf einem Pfad durch die Wüste.

Ja man kann sogar belächelt werden, wie es eigentlich den Sterndeutern bei Herodes und den Schriftgelehrten ergangen ist. Denn die haben wohl um den Geburtsort des Messias gewusst, aber hingegangen sind sie nicht. Dennoch war deren Auskunft wichtig. Es war wie beim GPS: man muss trotz allem die Augen offen halten und gegebenenfalls fragen. Wie lautet eine Lebensweisheit? „Besser zwei Mal fragen, als ein Mal fehl gehen." Fragen ist zwar immer auch ein Ausdruck von Bescheidenheit, aber die Sterndeuter sind ans Ziel gekommen.

Sie haben gesehen und sie haben angebetet. Sie haben in dem Kind den wahren Herrn dieser Welt, das Licht der Völker erkannt. Herodes und sein Beraterstab hingegen waren dazu nicht bereit. Damit sind sie weiterhin in geistiger Dunkelheit verblieben. Möge Gott auch uns wie die Weisen auf dem Weg unserer irdischen Pilgerschaft mit seinem Licht begleiten und zur Anschauung seiner Herrlichkeit führen! Die Sternsinger haben uns anschaulich darauf hingewiesen.

TAUFE DES HERRN (Lk 3,15-16.21-22)

Die Zeit nach Weihnachten ist eine bewegte Zeit: auf das Fest der Geburt des Herrn folgt unvermittelt das Gedächtnis des ersten Märtyrers Stephanus. Dann folgt dem Gedächtnis des Apostels und Evangelisten Johannes das Fest der Unschuldigen Kinder von Bethlehem. Eben erst haben wir der Erscheinung des Herrn vor den Magiern aus dem Osten gedacht, heute steht das Fest der Taufe des Herrn im Liturgischen Kalender.

Was liegt nun aus biblischer Sicht zwischen dem Fest Epiphanie und dem heutigen Sonntag? Kurz zusammengefasst: nach einiger Zeit des Aufenthaltes in Bethlehem sind Josef und Maria mit dem Kind auf Umwegen wieder nach Nazareth zurückgekehrt. Dort, im Norden des Landes, hat Jesus seine Kindheit und seine Jugendjahre verbracht. Bald aber, nachdem Johannes der Täufer mit seiner öffentlichen Tätigkeit begonnen hatte, ist Jesus zu ihm an den Jordan hinuntergewandert.

Dort im Süden des Landes, knapp vor der Einmündung des Jordans in das Tote Meer, ist der tiefste Punkt der Erde. Ist das nicht symbolträchtig? Denn was geschah dort am Jordan? Man ist ins Tal hinuntergestiegen, um als neuer Mensch wieder hinaufzusteigen! Die Menschen sind gekommen, um die Bußpredigt des Täufers zu hören. Die Besserungswilligen sind dann in den Jordan hineingestiegen und untergetaucht.

Das war der eigentliche Ritus der Taufe, so ist es im Grunde genommen bis heute geblieben (KKK 1214). Denn unser Wort „Taufe“ kommt ja von „tief“ und „tauchen“. Gemeint ist zunächst das Untertauchen. Das ist wie ein Begraben-werden und wieder Auferstehen. Aus dem Wasser des Jordans sollten also neue Menschen, innerlich erneuerte Menschen herauskommen; solche also, die es in Zukunft besser machen wollten. Das war die eigentliche Absicht der Johannes-Taufe.

Indem Jesus ebenfalls zum Jordan hinuntergestiegen ist, hat er sich in die Reihe der Sünder gestellt und sich mit uns solidarisiert. Aber es ist etwas Entscheidendes hinzugekommen! Als Jesus aus dem Wasser gestiegen ist, hat sich der Himmel geöffnet: der Geist ist - auch für andere erfahrbar - auf den Herrn herabgekommen! Seitdem wird im Christentum die Geisttaufe gespendet. Unsere Taufe ist somit nicht nur Aufforderung zu einem entsprechenden sittlichen Lebenswandel, sondern zugleich Grundlage des christlichen Lebens im Geiste Jesu (KKK 1212).

Während sich nämlich die Johannes-Jünger mit der Zeit zerstreut und verloren haben, bringt die christliche Taufe die Menschen zusammen. Denn getauft werden heißt, in die kirchliche Gemeinschaft eingegliedert zu werden (KKK 1213). Heißt: in jenen mystischen Leib eingegliedert zu werden, dessen Haupt Christus ist (Kol 1,18). Christ ist, wer sich immer wieder an seine Taufe erinnert und stets von neuem versucht, aus diesem Bewusstsein heraus sein Leben zu gestalten!

2. SONNTAG/JAHRESKREIS (Joh 2,1-12)

In manchen Kirchen findet sich noch der Schmuck der Weihnachtszeit, auch die Krippen stehen noch, ergänzt um die „drei heiligen Könige“. Zwar passt das liturgisch nicht mehr recht in diese Zeit, weil schon die Reihe der

Sonntage im Jahreskreis begonnen hat. Ganz falsch ist es aber auch nicht. Warum? Nicht nur deswegen, weil ja erst mit „Maria Lichtmeß“, dem Fest der Darstellung des Herrn im Tempel, der weihnachtliche Festkreis so richtig endet.

Sondern auch deswegen ist es berechtigt, weil damit das Weihnachtsfest etwas länger nachwirken kann. Sonst wäre die eigentliche Weihnachtszeit auf etwa zweieinhalb Wochen beschränkt. Ebenso spricht von den Evangelien her einiges dafür, das Fest der Geburt des Herrn länger nachwirken zu lassen. Warum denn? Nun: zu Weihnachten selbst feiern wir das Eintreten der zweiten göttlichen Person in unsere Welt, und zwar in der Gestalt eines Kindes.

Das wird aber zunächst nur im Umkreis von Bethlehem bekannt – Hirten verbreiten diese Botschaft. Mit dem Fest der Erscheinung des Herrn feiern wir, dass die Geburt des Erlösers sozusagen öffentlich zur Kenntnis genommen wird – diesmal sind Männer aus dem Osten die Boten. Doch der Bekanntheitsgrad Jesu weitet sich Schritt um Schritt! Besonders geschieht dies anlässlich der Taufe des Herrn im Jordan. Da weist Johannes auf den hin, der mit Heiligem Geist taufen wird.

Eine Stimme aus dem Himmel bekräftigt: „Du bist mein geliebter Sohn!“ Doch wie zeigt sich, dass dieser Jesus der geliebte Sohn des himmlischen Vaters ist? Vor allem, dass der Heilige Geist in ihm wirkt? Das wird durch bestimmte Zeichen bestätigt, die der Herr getan hat. Das erste Zeichen ist eben das Weinwunder in Kana. Da leuchtet – deutlicher als bisher – etwas von der göttlichen Macht und Herrlichkeit in der Person des Jesus von Nazareth auf.

Deswegen bringt die Kirche dieses Wunder mit dem Fest der Erscheinung des Herrn in Verbindung. Ja eigentlich werden da drei Ereignisse zusammengesehen. Es heißt nämlich im Stundenbuch der Kirche am 6. Jänner, also zu „Dreikönig“: „Drei Wunder heiligen diesen Tag: Heute führt der Stern die Weisen zum Kind in der Krippe. Heute wurde Wasser zu Wein bei der Hochzeit. Heute wurde Christus im Jordan getauft, uns zum Heil“ (2. Vesper, Antiphon zum Magnificat).

Was wird uns Christen durch diese dreifache Form der Erscheinung des Herrn geschenkt? In der Geburt Christi geht uns ein Licht auf, das uns den Weg in den Dunkelheiten unseres Lebens weisen kann. Wie eine Hochzeit ohne Wein Bild eines leeren, ausgetrockneten Lebens ist, so will das Wandlungswunder von Kana Zeichen für jene geistliche Freude sein, welche Menschen nicht machen können. Diese Freude soll die Getauften als Grundstimmung durch das Kirchenjahr begleiten!

3. SONNTAG/JAHRESKREIS (Neh 8,2-10; Lk 1,1-4.4,14-21)

Der Schlusssatz der heutigen Lesung ist zugleich deren Höhepunkt: „Die Freude am Herrn ist eure Stärke!“ Diese Feststellung mag zunächst überraschen, geht ihr doch die Verlesung des Gesetzes voraus. Was ist an einem Gesetz schon so erfreulich? Die Reaktion der Juden kann aber durch ein Beispiel verdeutlicht werden. Wie ist das denn, wenn man in einer unbekannten Gegend nach dem rechten Weg fragt?

Trifft man einen Ortskundigen, ist man dankbar, wenn er antwortet: „Sie müssen in diese Richtung gehen.“ Dieses „Müssen“ wird nicht als Befehl verstanden, sondern als freundliche Auskunft, die weiterhilft. Ähnlich ist es den Juden nach dem babylonischen Exil ergangen. Man hat nicht weitergewusst, der rechte Schwung hat gefehlt. Durch die Bekanntmachung des Gesetzes haben die Juden wieder erfahren, was ihre Eigenheit ausmacht im Unterschied zu anderen Völkern.

Beachtenswert ist dabei nicht nur die Ausdauer, mit welcher das Volk zugehört hat; sondern auch, dass Männer und Frauen in gleicher Weise angesprochen wurden. Weil die Verkündigung des Gottesrechtes zudem von Erklärungen begleitet war, hat man die Annahme des Gesetzes mit all seinen Einschränkungen und Verboten nicht als Belastung angesehen. Man war vielmehr darüber erfreut, wie wenn einem jemand den rechten Weg zeigt.

Die Freude am Herrn wurde dann zur Stärke des auserwählten Volkes. In Fortsetzung des alttestamentlichen Berichtes sollte dies auch für uns, die Angehörigen des neuen Bundes, gelten. So bezeichnet gerade Markus sein Evangelium gleich anfangs als „Frohbotschaft von Jesus Christus“. Doch wie geht es dann weiter? Anfangs steht – ähnlich wie bei den anderen Evangelisten - der Bericht von der Umkehrpredigt Johannes des Täufers. Ebenso beginnt Jesus sein Wirken mit der Aufforderung: „Kehrt um, glaubt an das Evangelium!“

Markus bringt also keine naive Jubelbotschaft, sondern eine Lehre, die auch das Unangenehme nicht verschweigt. Wer jedoch das Evangelium annimmt, dem geht es wie den Besuchern der Synagoge in Nazareth; davon war im heutigen Evangelium nach Lukas die Rede. Der Gläubige erfährt nämlich die

Worte des Herrn als etwas Bereicherndes und Befreiendes: als etwas, das einem die Augen öffnet und das gerade im Leid weiterhilft.

Denn es ist uns nicht zugesagt, dass das Christenleben immer lustig sein wird. Aber man darf über die Lehre Jesu froh sein, wie beispielshalber die Magier aus dem Osten auf ihrem Weg nach Bethlehem von großer Freude erfüllt wurden, als sie den Stern wieder sahen (Mt 2,10). Ebenso wollen die Evangelien als frohmachende Botschaft verstanden werden Sie zeigen uns verlässlich die Richtung zum ewigen Heil und geben Kraft bei der Überwindung von Schwierigkeiten!

4. SONNTAG/JAHRESKREIS (Lk 4,21-30)

Dem heutigen Evangelium geht voraus, was wir am vergangenen Sonntag gehört haben. Da hatte Lukas geschildert, wie der Herr in seine Heimatstadt kommt. Nach seiner Gewohnheit geht er am Sabbat in die Synagoge. Dort darf er aus dem Propheten Jesaia vorlesen: es werde ein Erwählter auftreten, auf dem der Geist des Herrn ruhen werde; dieser werde kommen, um eine gute Nachricht zu bringen. Wie reagierten die Leute darauf?

„Die Augen aller in der Synagoge waren auf ihn gerichtet", so heißt es abschließend und damit unmittelbar vor dem heutigen Evangelium. Da spürt man etwas von der Erwartung, mit der fromme Juden den Messias erhofft hatten. Ähnlich „voll Erwartung" waren schon jene Menschen am Jordan, die sich von Johannes hatten taufen lassen (Lk 3,15). Was haben sie eigentlich erwartet? Wie hat man sich das Auftreten des Messias vorgestellt?

Jesaia (9,1) hatte angekündigt: „Das Volk, das im Dunkeln lebt, sieht ein helles Licht; über denen, die im Land der Finsternis wohnen, strahlt ein Licht auf." Ein bekanntes Kirchenlied gibt die adventliche Stimmung der damaligen Menschen gut wieder: „Tauet Himmel den Gerechten, Wolken regnet ihn herab" (GL 791). Viele Fromme haben in Johannes diesen ersehnten Retter gesehen. Doch der Täufer hat freimütig bekannt: „Ich bin nicht der Messias!"

Nun tritt Jesus in seiner Heimatstadt Nazareth auf – werden die Besucher der Synagoge im Sohn des Zimmermanns den verheißenen Messias erkennen? Nein, er war ihnen zu gewöhnlich, sie waren enttäuscht. Wieso das? Weil sie sich unter dem Retter jemand Großartigeren vorgestellt hatten. Wird man da nicht an das erste Gebot des Dekalogs erinnert? Es lautet: „Du sollst dir kein Gottesbild machen“ (Ex 20,4). Nicht wir sind es, die ein Bild von Gott machen, als ob sich Gott nach unserem Bild von ihm zu richten hätte.

Sondern Gott ist es, der sich offenbart; und wir haben unsere Vorstellungen über ihn danach auszurichten. Die Besucher der Synagoge von Nazareth waren gewiss fromme Juden. Aber sie haben ihre fixen Vorstellungen gehabt – Jesus hat nicht in dieses Schema hineingepasst, deswegen wird er abgelehnt. Ist das nicht das Problem auch unserer Zeit? Zwar sind viele Menschen irgendwie religiös. Aber sie bleiben an ihren oberflächlichen Vorstellungen hängen. Damit kommen sie nicht zu einem tieferen Glauben.

Soweit es an uns liegt, sollten wir daher beitragen, dass unsere Zeitgenossen die Kirche nicht nur als eine rein menschliche Institution ansehen, die für Caritas und Denkmalerhaltung zuständig ist. Sondern wir sollten, soweit es möglich ist, das Göttliche erahnen lassen. Für uns selbst jedoch sollten wir erbitten, dass wir das Ungewöhnliche im Gewöhnlichen, und das heißt: den Erlöser im Zimmermann von Nazareth erkennen können.

5. SONNTAG/JAHRESKREIS (1 Kor 15,1-11; Lk 5,1-11)

Wenn ein Fallschirmspringer fragen würde, ob sein Fallschirm richtig gepackt sei – wird ihn die Antwort: „Ich glaube schon“ beruhigen? Wenn es um Leben oder Tod geht, braucht man Sicherheit. Da muss man wissen, ob man sich verlassen kann. Ein unverbindliches „Ich glaube schon“ genügt nicht. Vor allem entspricht es nicht dem, was wir Christen unter „glauben“ verstehen. Für so ein unverbindliches Meinen gilt tatsächlich: „Glauben heißt nichts wissen.“

Paulus würde jene, die ein gedankenloses Christsein leben, fragen: „Habt ihr den Glauben vielleicht unüberlegt angenommen?“ So hat es der Völkerapostel den Korinthern vorgehalten, wie wir in der Lesung gehört haben. Auf Gedankenlosigkeit und Nichtwissen kann man sein Lebensgebäude nicht errichten. Dem gegenüber zeigt uns das heutige Evangelium, wie die Apostel zum Glauben gefunden haben.

Erst haben diese Männer etwas erlebt, dann haben sie allmählich geglaubt. Dann haben sie aber auch gewusst, warum und wem sie geglaubt haben. Das für künftige Generationen festzuhalten, war Absicht der Evangelisten. So stellt Johannes (20,31) gegen Ende seiner Frohbotschaft fest, diese Zeichen Jesu seien aufgeschrieben worden, „damit ihr glaubt, dass Jesus der Messias ist, der Sohn Gottes, und damit ihr durch den Glauben das Leben habt in seinem Namen."

Wenn man die Evangelien nicht nur absatzweise liest, sondern längere Abschnitte durcharbeitet, wird einem etwas auffallen. Die Jünger um Jesus haben viel Zeit gebraucht, bis sie eingesehen haben, wer und was dieser Zimmermann aus Nazareth wirklich ist. Vollumfänglich ist das ja sowieso erst nach der Auferstehung des Erlösers geschehen. Davon spricht der Völkerapostel in der heutigen Lesung.

Es handelt sich dabei um den ersten Auferstehungsbericht, den wir haben. Denn der 1. Korintherbrief wurde um 55 abgefasst, die Evangelien sind in der heutigen Form erst 15 – 20 Jahre danach oder noch später entstanden. Paulus legt nun Wert darauf, dass sein Glaubenszeugnis authentisch ist; darauf könne man sich verlassen, wie sich ein Fallschirmspringer auf seinen Fallschirm verlassen können muss.

Deswegen wirkt Jesus das Zeichen des wunderbaren Fischfangs. Seine Jünger sollten sich überzeugen können, dass seine Lehre nicht aus kraftlosen Worten besteht. Und wir Gläubige kommen jeden Sonntag hier in der Kirche zusammen, um uns von dem zu überzeugen, was unser Leben tragen soll. Damit wir mit den Worten von 2 Tim 1,12 erklären können: „Ich weiß, wem ich geglaubt habe." Ja, wir Christen wissen, wem wir glauben, was wir zu glauben haben, und warum wir glauben!

6. SONNTAG/JAHRESKREIS (Jer 17,5-8; Lk 6,17.20-26)

In einer Demokratie finden in regelmäßigen Abständen Wahlen statt. Während des Wahlkampfes kündigen die Parteien an, an wen sie sich wenden und was sie im Falle ihrer Wahl mit ihrem Programm erreichen wollen. Nach der Wahl wird dann im Parlament das Regierungsprogramm vorgestellt. Spätestens da zeigt sich, dass nicht alle Wahlversprechen umgesetzt werden könne, man muss Abstriche akzeptieren.

Wenn dann auch im Laufe der Zeit noch einmal einiges anders kommt als angekündigt – stets aber geht es um wirtschaftliche und gesellschaftspolitische Themen. Im heutigen Evangelium wird ebenfalls ein Regierungsprogramm vorgestellt. Es ist aber anderer Art, als wir es vom politischen Leben her gewohnt sind. Auch hier handelt es sich um die soziale Frage – und zwar ganz wesentlich!

Aber Jesus stellt gleich zu Beginn seines öffentlichen Auftretens den Menschen in den Mittelpunkt. Ähnlich wie bei Jeremia werden den vier „Segenssprüchen“ vier „Weherufe“ gegenüber gestellt. Dabei geht es um soziale Gerechtigkeit, um Sensibilität den Menschen und Gott gegenüber; es geht um Wahrhaftigkeit und friedliches Zusammenleben. Damit nimmt Jesus eine Umwertung gängiger Wertvorstellungen vor.

In der Nachfolge Jesu zählen nicht Besitz, Wellness, Berühmtheit oder Macht. Sondern Vorrang haben bei ihm jene Menschen, die für die Botschaft vom Kommen des Gottesreiches aufgeschlossen sind. Diese Menschen werden vom Herrn „selig“ gepriesen. Ihnen wird ein Platz im Reich Gottes verheißen. Für die Reichen und Mächtigen hingegen findet er scharfe Worte.

Denn das Streben nach Erfolg und Besitz geht auf Kosten der Schwächeren, dadurch wird menschenwürdiges Leben immer wieder zerstört. Jesus ruft damit nicht zur gewaltsamen Revolution auf, sondern zum Umdenken und zum Einsatz für eine gerechtere Welt. Das also ist das Programm Jesu: mögen sich auch die Zeiten und die jeweiligen Umstände ändern – diese Botschaft Jesu wird stets gleich bleiben.

Diesbezüglich gibt es keine Abstriche oder wahltaktischen Anpassungen, auch wenn sich die Botschaft Jesu an alle Menschen wendet. Über das, was Jesus seinen Jüngern als sein Testament hinterlassen hat, kann man daher auch nicht wie über ein Parteiprogramm abstimmen. Denn er ist das Alpha und das Omega (Offb 1,8), der Anfang und das Ende und die Mitte unseres Glaubens. Seine Lehre ist für uns ein sicherer Weg zum Leben.

7. SONNTAG/JAHRESKREIS (Lk 6,27-38)

Im heutigen Evangelium steht – fast versteckt – die Aufforderung: „Was ihr von anderen erwartet, das tut ebenso auch ihnen.“ Dieser Satz erinnert an die Weisung in der Bergpredigt nach Matthäus: „Alles, was ihr von anderen erwartet, das tut auch ihnen“ (7,12). Doch schon im Alten Testament findet sich die Mahnung: „Was dir selbst verhasst ist, das mute auch einem anderen nicht zu“ (Tob 4,12).

Was verbindet diese drei Bibelstellen miteinander? Im Hintergrund steht jeweils die Einsicht, dass wir oft nicht wissen, wie wir uns anderen gegenüber verhalten sollen. Da ist man gut beraten, wenn man in sich hineinhört und sein Gewissen befragt: wie möchte ich selbst von anderen behandelt werden? Oder umgekehrt: was möchte ich von anderen nicht erleben?

Sicher sind damit noch nicht alle Fragen beantwortet, aber man ist einer guten Entscheidung doch ein wesentliches Stück näher gekommen. Man spricht vom Prinzip der „Gegenseitigkeit“, wenn man sich bemüht, sich anderen gegenüber so zu verhalten, wie man es von ihnen erwarten würde. In Übersetzungen der Bibel steht über dieser Weisung der Bergpredigt die Überschrift: „Die goldene Regel.“

Damit ist eine Lebensmaxime gemeint, die hilft, dass man im zwischenmenschlichen Umgang nicht so leicht etwas falsch machen kann. So praktisch allerdings diese Lebensregel ist – für Christen stellt die Gegenseitigkeit nicht den höchsten Maßstab dar. Mit den Worten des heutigen Evangeliums könnte man nämlich anmerken: „Wenn ihr nur denen Gutes tut, die euch Gutes tun – welchen Dank erwartet ihr dafür?“

So denken die Heiden, also jene, die nicht ausdrücklich an Gott glauben. Die goldene Regel allein macht also noch nicht christliches Handeln aus. Mehr noch bewegt den Angehörigen sowohl des alten als auch des neuen Bundes die Überzeugung, von Gott geliebt zu sein. Gott gegenüber sind wir aber stets die Empfangenden, von einer Gleichheit oder Ebenbürtigkeit in der Beziehung kann da natürlich nicht die Rede sein!

Vielmehr lehrt Jesus: so großmütig, wie sich Gott uns gegenüber verhält, so sollten auch wir uns den Mitmenschen gegenüber verhalten. In diesem Sinne sind die Weisungen des heutigen Evangeliums zu verstehen. Da gilt nicht mehr: „Wie du mir, so ich dir.“ Sondern es gilt vielmehr das Ideal: wie Gott zu mir ist, so verhalte ich mich den Mitmenschen gegenüber. Wir tun es gemäß dem Wort Jesu: nach dem Maß, mit dem ihr messt, wird euch zugemessen werden.

8. SONNTAG/JAHRESKREIS (Sir 27,4-7; Lk 6,39-45)

Wer kennt sie nicht, diese sprichwörtlichen „Pharisäer“? Begeht jemand einmal einen Fehler, dann stellen sie selbstgerecht fest: „Schon immer habe ich mir gedacht, dass es mit dem nicht weit her ist.“ Was auch geschehen mag, solche Menschen wissen von vorneherein alles besser, fortwährend rechnen sie mit Negativem, entdecken es jedoch ausschließlich bei anderen. Es gibt eben Erdenbürger, die fahren gleichsam mit dem Müllwagen durch die Weltgeschichte.

Auf diese trifft zu, was der weise Verfasser des Buches Sirach in die Worte kleidet: „Im Sieb bleibt, wenn man es schüttelt, der Abfall zurück; so entdeckt man die Fehler (eigentlich: den Unrat) eines Menschen, wenn man über ihn nachdenkt.“ Und weiter heißt es in der Lesung: „Den guten Boden eines Baumes bringt seine Frucht zum Vorschein, und so das Wort die Gedanken des Herzens.“ Die Beziehung zum heutigen Evangelium ist offenkundig. Mit dem Urteil über andere sagt man also zugleich auch etwas über sich selbst.

Sieht man von vorneherein alles nur negativ, wird man wahrscheinlich die Fehler der anderen noch vergrößern. Glücklich wird man mit solcher Sichtweise gewiss nicht, christlich denkt man erst recht nicht. Vielmehr muss man sich die Frage Jesu gefallen lassen: „Warum siehst du den Splitter im Auge deines Bruders, aber den Balken in deinem Auge beachtest du nicht?“ Wer andere beurteilt, sollte erst eine Gewissenserforschung anstellen.

Denn Jesus hat uns nicht gelehrt, in den zwischenmenschlichen Beziehungen die Fehler anderer herauszustreichen. Vielmehr sollen wir zunächst auf die eigenen Fahler achten, dann werden wir anderen gegenüber vorsichtiger sein. Nicht vorschnell zu urteilen, sondern sachliche zu prüfen, ist eine Pflicht, welche die Gerechtigkeit fordert; dies zu können, ist zugleich eine Gabe der Weisheit. Wer andere mit bissigen Bemerkungen bedenkt, hat vielleicht zunächst die Lacher auf seiner Seite, beliebt wird er sich damit aber nicht machen.

„Zieh zuerst den Balken aus deinem Auge, dann kannst du versuchen, den Splitter aus dem Auge deines Bruders herauszuziehen“, so lautet die Weisung

Jesu. Ja in der Bergpredigt geht Jesus sogar noch darüber hinaus. Es kann sich für uns Christen nicht nur darum handeln, die Dinge realistisch einzuschätzen und uns im Verhältnis zu anderen so zu sehen, wie wir sind: „Selig die Barmherzigen, denn sie werden Erbarmen finden“ (Mt 5,7). Diese klaren und ermutigenden Worte legt uns Jesus ans Herz.

Also nicht nur die Dinge sehen, wie sie sind; schon gar nicht ständig andere beurteilen und damit verurteilen, die eigenen Schwächen aber großzügig übersehen. Sondern man sollte den anderen mit Verständnis und Wohlwollen begegnen: so lautet die Botschaft unseres Herrn! Dann lebt man nicht nur selbst glücklicher, wird bei den Mitmenschen beliebter sein; sondern dann darf man auch hoffen, im Gericht Gottes ebenso beurteilt zu werden.

1. FASTENSONNTAG (Lk 4,1-13)

Ein Mann in mittleren Jahren bewarb sich bei einem großen Unternehmen um einen Posten im Management. Beim Vorstellungsgespräch erklärte er, schon viele Jahre mit derselben Frau verheiratet zu sein. Der Mann bekam diese Stelle nicht. Es wurde ihm vielmehr mitgeteilt: wenn er schon so viele Jahre mit derselben Frau verheiratet sei, werde er wohl nicht über jene Mobilität und Flexibilität verfügen, die für einen erfolgreichen Manager nötig seien.

So berichtete jedenfalls ein amerikanischer Sozialwissenschaftler (Amitai Etzioni) vor einiger Zeit. Hintergrund dieses menschenverachtenden Denkens dürfte unausgesprochen die Forderung sein: „Nichts langfristig festlegen, keine Dauerbindungen eingehen, in Bewegung bleiben!“ Welcher Gegensatz zu dem, was wir im Evangelium gehört haben! Die Versuchung Jesu steht wie ein Signal am Beginn seines öffentlichen Auftretens.

Bewusst hat die Kirche diese Begebenheit wie ein Programm an den Beginn der Fastenzeit gestellt: das sollte für uns wegweisend sein! Was bedeutet denn eigentlich „fasten“? Im Altdeutschen meinte dieses Wort „fest sein, festhalten“. Im Hinblick auf das heutige Evangelium können wir sagen: es geht besonders in der Zeit vor Ostern um das Festhalten am Wort Gottes.

Beispielhaft zeigt dies Jesus durch sein Verhalten. Alle Versuchungen des Diabolos, des Teufels und Durcheinanderbringers, schmettert er mit einer

Schriftstelle aus dem Alten Testament ab. Das wäre also eine vorrangige Aufgabe für diese Fastenzeit: nämlich das Glaubenswissen zu festigen und zu vertiefen! Als Christ sollte man einen weiteren Horizont haben als so manche Wirtschaftsleute und Politiker, die nur kurzfristig denken und planen.

Dieses Feststehen in Gottes Wort will sicher nicht zur Unbeweglichkeit verleiten. Lukas berichtet vielmehr, der Geist habe Jesus in die Wüste geführt. Wir dürfen aus dem Evangelium heraushören, dass dieser Geist dann auch in den Versuchungen bei Jesus war. Es kommt also darauf an, von welchem Geist man sich leiten lässt. Das heutige Evangelium gibt Hinweise zur Beantwortung anstehender Fragen.

Solche Fragen sind: geht es nur um die leibliche Nahrung, oder hat auch der Glaube als Nahrungsmittel der Seele Bedeutung? Lässt man sich von Karrierechance blenden, auch wenn sittliche Grundsätze verletzt werden und menschliche Bindungen zerbrechen? Lebt man auf Kosten anderer, oder ist man bereit, sich einzuschränken und in den Dienst einer guten Sache zu stellen?

Gegen eine Tendenz unserer Zeit, sich nicht langfristig zu binden, um beweglich zu bleiben, empfiehlt eine alte Klosterweisheit: „Nicht alles sehen wollen, was sich dem Auge bietet! Nicht alles glauben, was die Menschen so daherreden! Nicht alles besitzen möchten, was man haben könnte!“

2. FASTENSONNTAG (Phil 3,17-4,1; Lk 9,28-36)

Im Menschen steckt ein unstillbarer Drang, Hintergründe zu erforschen. Das zeigt sich schon im Kindesalter: kaum kann so ein Kleines halbwegs herumlaufen, will es schon in alle Laden hineinschauen; es will alle Türen öffnen, um zu sehen, was dahinter steckt. Das setzt sich im Erwachsenenalter fort: warum denn sitzen so und so viele Menschen regelmäßig abends vor dem Fernseher? Warum liest man Kommentare zum Zeitgeschehen? Weil man um die Hintergründe wissen will, um sich besser auszukennen.

Darf man das auch auf den Glauben anwenden? Darf man als Katholik gleichsam hinter die Kulissen schauen wollen, um Einsichten zu gewinnen, die anderen nicht zugänglich sind? Das heutige Evangelium sagt eindeutig „Ja“ zu diesem Anliegen! Zum besseren Verständnis dieser Bibelstelle muss man sich allerdings vor Augen halten, dass diese Begebenheit auf dem Berg der Verklärung ähnlich wie ein Gemälde eingerahmt ist.

Davor findet sich nämlich die erste Leidensankündigung Jesu, bald danach die zweite (Lk 9,22.44). In dieser spannungsgeladenen Situation geht es also um die Frage: wohin geht die Reise? Hat das Leiden Sinn? Da dürfen drei Jünger – stellvertretend auch für uns – sozusagen einen Blick hinter die Kulissen werfen. Sie dürfen erkennen, was sich im Inneren Jesu verbirgt, und was damit seinen Jüngern in Aussicht gestellt ist.

Mehr noch: was ebenso uns, den nachgeborenen Gläubigen, durch alle Leiden hindurch in Aussicht gestellt ist. Damit schließt das heutige Evangelium an eine Reihe vorausgegangener Evangelien an. Im Besonderen seien drei Ereignisse herausgegriffen, in denen sich wie in einem Dreiklang das Erscheinen des Herrn in dieser Welt entfaltet, und zwar führt der Stern die Weisen aus dem Morgenland zum Kind in der Krippe.

Anlässlich der Taufe des Herrn bezeugt ihn die Stimme aus dem Himmel als geliebten Sohn des Vaters; bei der Hochzeit zu Kana wirkt Jesus mit dem Weinwunder sein erstes Zeichen (2. Vesper von Erscheinung). Die Verklärung auf dem Berg Tabor darf als Höhepunkt dieser Entwicklung angesehen werden. Abermals nennt die Stimme aus der Wolke Jesus den auserwählten Sohn. Damit wird uns geoffenbart, was wir um unseres Heiles willen wissen müssen.

Paulus deutet das in der heutigen Lesung im Hinblick auf unser Leben. Der Apostel schreibt nämlich: unsere eigentliche Heimat ist der Himmel. Von dorther dürfen wir unser Leben mit all seinen Mühen und Leiden verstehen. Denn der Schritt vom Diesseits ins Jenseits wird darin bestehen, dass Jesus Christus unseren armseligen Leib in die Gestalt seines verherrlichten Leibes verwandeln wird – wie er sich den drei Aposteln auf dem Berg der Verklärung für einen kurzen Augenblick gezeigt hat.

3. FASTENSONNTAG (Ex 3,1-8.13-15; Lk 13,1-9)

Die heutige Lesung bringt einen grundlegenden Text der Bibel: ein neuer Abschnitt in der Geschichte Gottes mit den Menschen beginnt! Mose hat seine erste Gottesbegegnung, damit wird er zum Befreier Israels und zum Mittler des

Gottesbundes berufen. Was aber geht der Gottesoffenbarung unmittelbar voraus? Mose wird durch eine Stimme aufgefordert, die Schuhe abzulegen; denn: er betritt nun heiligen Boden! Da spürt man etwas von jener heiligen Scheu, welche Menschen empfinden, die eine Erfahrung des Göttlichen machen.

Ob wir Heutigen das noch nachvollziehen können? Das Geheimnis Gottes hatte für die Mystiker aller Zeiten etwas Faszinierendes und zugleich Erschütterndes an sich. So erfährt auch Mose Jahwe als nahe und zugleich verborgen; als ein Wesen, das man nicht wie einen Gegenstand angreifen oder sehen kann. Der russische Dichter Leo Tolstoi hat das mit Hilfe einer Legende veranschaulicht.

Ein reicher König wurde gegen Ende seines Lebens von Schwermut befallen; er hatte schon alles Mögliche gesehen, nur Gott hatte er noch nicht wahrnehmen können. Da kam ein Hirt vom Feld und machte sich erbötig, den Wunsch des Königs zu erfüllen. Der Hirt führte den König ins Freie und forderte ihn auf, in die Sonne zu blicken. Das vermochte der König nicht, die Sonne blendete ihn. So fragte er ärgerlich den Hirten: „Willst du vielleicht, dass ich mein Augenlicht verliere?“ – „Aber König“, antwortete der Hirt, „das ist doch nur ein schwacher Abglanz der Größe Gottes.“

Da begriff der König, dass man Gott mit anderen Augen suchen müsse. Ähnlich ist es Mose ergangen, der das Feuer im Dornbusch ebenfalls nicht durchschauen konnte. Aber Gott hat sich in seinem Namen geoffenbart. Und so leben die Juden bis heute aus der Gewissheit, dass Gott für sie „Jahwe“ ist, das heißt: der „der da ist“ und der bei seinem Volk bleibt (Ex 3,14).

In Fortführung dessen leben wir Christen im Glauben, dass sich Gott in Jesus von Nazareth als „Immanuel“ geoffenbart hat, das heißt als der „Gott mit uns“. Damit hat Gott für uns ein menschliches Angesicht bekommen. Die Furcht vor Gott ist uns dadurch genommen, die Ehrfurcht muss bleiben. Wenn wir somit über Gott sprechen, betreten wir gewissermaßen wie Mose heiligen Boden.

Denn Gott ist größer als das, was unser Verstand von ihm begreifen kann. Deswegen hat Jesus ja in Gleichnissen gesprochen, so wie es die Menschen fassen konnten (Mk 4,33). Gott ist seinem Wesen nach Geheimnis, vor dem wir Christen zwar nicht zu verstummen brauchen, aber unser Reden über heilige Dinge wird immer ein Stammeln bleiben. Erst im Jenseits werden wir Gott von Angesicht zu Angesicht schauen (1 Kor 13,12).

4. FASTENSONNTAG (Lk 15,1-3.11-32)

Wenn sportliche Wettkämpfe nicht erfolgreich geendet haben, wird nach den Ursachen geforscht. Und immer wieder wird die Schuld dafür widrigen Umständen oder gar den Schiedsrichtern zugeschoben. Das ist es schon beachtlich, wenn ein Trainer ohne Umschweife feststellt: „Wir selbst haben die Sache verbockt." Ein derartiges Eingeständnis ist nicht selbstverständlich, auch wenn wir sagen: „Selbsterkenntnis ist der erste Weg zur Besserung."

Doch gleichzeitig wissen wir, dass es eine alte Versuchung des Menschengeschlechts ist, die Schuld auf andere abzuschieben. Das war schon im Paradies so. Im biblischen Sündenfall-Bericht schiebt Adam die Schuld auf Eva, diese entschuldigt sich: „Die Schlange hat mich verführt" (Gen 3,12 f). Der jüngere Sohn im heutigen Gleichnis ist demgegenüber radikal anders und ehrlich!

Er schiebt die Schuld für sein Versagen weder auf den Vater ab noch macht er widrige Umstände geltend. Sondern er klagt sich selbst an: „Vater, ich habe mich gegen den Himmel und gegen dich versündigt." Das macht diesen jungen Mann sympathisch, das lässt ihn auch die Zuneigung seines Vaters erfahren. Damit hätte Jesus diese Erzählung beenden können – warum fährt er dennoch fort? Wo fehlt es denn beim älteren Bruder?

Der hat doch nichts angestellt: er hat Gott nicht gelästert und seine Eltern nicht verunehrt; er hat nicht gemordet und nicht gestohlen. Darf er sich seinem Vater gegenüber nicht zu Recht rühmen, er habe sich nichts vorzuwerfen? Wenn wir aber genauer auf den Text des heutigen Evangeliums achten, fällt folgendes auf: Erst wird nur allgemein berichtet, der jüngere Sohn habe ein zügelloses Leben geführt und sein Vermögen verspielt. Dann aber behauptet der ältere Sohn, der Jüngere habe sein Vermögen mit Dirnen durchgebracht.

Woher hat er das? Vor allem: weiß er sein Elternhaus nicht zu schätzen? Da kommt dem aufmerksamen Leser ein Verdacht! Gibt es nicht nach alter kirchlicher Tradition neben den Sünden gegen die Zehn Gebote weitere Sünden? Man spricht von den Wurzelsünden: sündigen Haltungen also, die zu konkreten Sünden führen können. Der Katechismus nennt sieben: Stolz, Neid, Habsucht, Zorn, Unkeuschheit, Unmäßigkeit, Trägheit (KKK 1866). Haben wir damit nicht entdeckt, warum Jesus dieses Gleichnis den Pharisäern und Schriftgelehrten, den typischen „Pharisäern" nämlich, erzählt?

Das sind somit die Sünden des älteren Bruders: er ist stolz, weil er sich besser vorkommt als sein Bruder; er ist neidisch, weil er dem Jüngeren die Zuwendung des Vaters missgönnt; er ist habsüchtig, weil er das väterliche Erbe allein für sich haben will, obwohl er doch genug zum Leben hat. Den sogenannten „Pharisäern“ aller Zeiten wird damit gesagt: selbstgerecht sowie unversöhnlich zu sein – das ist die große Sünde in den Augen Gottes!

5. FASTENSONNTAG (Joh 8,1-11)

Da steht sie also in der Mitte: die Sünderin! Und so mancher der Umstehenden wird auf sie gezeigt und erklärt haben: „Recht geschieht ihr, solches Verhalten gehört öffentlich angeprangert!“ Ja diese Männer meinen sogar, sich auf das Gesetz des Moses berufen zu dürfen. Nun ist es schon richtig, dass es in den 10 Geboten heißt: „Du sollst nicht die Ehe brechen“ (Ex 20,14). Und an anderer Stelle wird dem auserwählten Volk aufgetragen: „Du sollst das Böse aus deiner Mitte entfernen“ (Dtn 22,22).

Damit war festgelegt, dass auf Ehebruch die Todesstrafe stünde. Geflissentlich jedoch haben die Ankläger der Ehebrecherin übersehen, dass es heißt: Mann und Frau sollten gemeinsam gesteinigt werden! Wobei dem Mann der Vortritt zugekommen wäre, allerdings nicht aus ehrenhaften Gründen. Wieso ist nicht auch von den Männern die Rede? Doch die Anklage der Schriftgelehrten und Pharisäer ist noch aus einem anderen Grund unredlich.

Denn zum damaligen Zeitpunkt haben die Juden schon längst nicht mehr die Blutgerichtsbarkeit innegehabt. Sie durften also weder Todesurteile fällen noch die Todesstrafe exekutieren. Der Prozess Jesu und seine Hinrichtung zeigen das ganz deutlich: das alles haben die Römer besorgt oder jedenfalls zugelassen. Schließlich darf nicht unbeachtet bleiben, dass sich die Szene, die im Evangelium geschildert wird, im Tempelbezirk abgespielt hat: also am Ort des Kultes und der Frömmigkeit.

Doch im Kontrast dazu stand kein frommes Anliegen hinter der Fangfrage der Schriftgelehrten und Pharisäer! Vielmehr erinnert diese Begebenheit an ein altes Ritual. Denn die Todesstrafe dürfte bei den Juden auch in früheren Zeiten nur selten ausgeführt worden sein. Dafür entwickelte sich der Brauch, einmal im

Jahr am sogenannten „Versöhnungstag“ 2 Ziegenböcke für das Sündopfer zu bestimmen.

Der erste Bock wurde als Sühneopfer für den Herrn im Tempel geschlachtet; dem anderen Bock wurden durch die Handauflegung des Hohenpriesters gleichsam die Sünden des ganzen Volkes aufgeladen. So wurde der sogenannte „Sündenbock“ in die Wüste gejagt (Lev 16,9.21). In ähnlicher Weise hat man zu allen Zeiten Sündenböcke gesucht; man hat die Schuld anderer Menschen in den Mittelpunkt gestellt, sich selbst aber unschuldig gefühlt.

Was jedoch zeigt Jesus im Gegensatz dazu? Vor allem dies: Schuld muss schon benannt werden, selbstverständlich! Doch ist es die falsche Bewegung, von sich weg auf andere zu zeigen, auf andere Steine zu werfen, um selbst gut dazustehen. Das heutige Evangelium lehrt die umgekehrte Bewegung: bescheiden auf sich selbst zu schauen, sich an die eigene Brust zu klopfen und einzugestehen: „Auch ich bin ein Sünder!“

GRÜNDONNERSTAG (1 Kor 11,23-26; Joh 13,1-15)

In dieser abendlichen Stunde feiern wir das Gedächtnis des sogenannten „Letzten Abendmahles“. Hat Jesus doch seinen Jüngern aufgetragen: „Tut dies zu meinem Gedächtnis!“ So haben es die Synoptiker und so hat es Paulus in seinem Brief an die Korinther überliefert. Diesem Auftrag entsprechen wir vor einem Kreuz oder einem Altarbild, welches die Kreuzigungsszene zeigt. Wir erinnern uns dabei nicht nur an etwas, das einmal war; sondern wir vergegenwärtigen uns in diesem Gedächtnis ein Opfer (KKK 1357).

Denn nach kirchlicher Lehre stellt die Eucharistie das Opfer des Kreuzes dar und macht es gegenwärtig (KKK 1366). In der „Haydn-Messe“ kann nach der Wandlung gesungen werden, dass wir dem Vater ein wohlgefälliges Opfer darbringen, denn sein Sohn „starb aus Liebe für uns Sünder, noch hebt er’s Kreuz für uns empor“ (GL 710,7.1). Da wird also das eucharistische Opfer vom Karfreitag her gedeutet.

Doch seit längerem schon wird der Charakter der Messe als gemeinsames Mahl hervorgehoben. Für diese Redeweise ist mithin mehr das Geschehen am Gründonnerstag Vorbild. Der liturgische Titel unserer abendlichen eucharistischen Versammlung lautet daher offiziell: „Feier des Gedächtnisses des letzten Abendmahles“ (KKK 1329). Was Jesus am Abend vor seinem Leiden getan hat, geschah somit nicht in der Verlassenheit, wie es doch irgendwie am Ölberg und dann bei seiner Kreuzigung der Fall war.

Nein, dieses Essen geschah in Gemeinschaft mit seinen Jüngern. Deswegen kommt auch nach heutigem Verständnis die Kirche besonders in der Versammlung der Gläubigen sichtbar zum Ausdruck. Denn das ist unsere Überzeugung: Jesus ist dort anwesend, wo zwei oder drei in seinem Namen versammelt sind (Mt 18,20); und da in seinem Wort und besonders auch in der Form der eucharistischen Gestalten.

Damit ist jede Messe mehr als ein Gedächtnis dessen, was war. Sie ist zugleich eine Vorwegnahme dessen, was wir erhoffen. Denn jede Eucharistiefeier ist ebenso eine Verheißung, dass wir einst im Reiche Jesu an seinem Tisch sitzen werden (Mt 26,29), wie der Erlöser im Rahmen des letzten Abendmahles ankündigt. Und in der Offenbarung des Johannes wird uns in Aussicht gestellt, dass wir im jenseitigen Reich mit dem auferstandenen Herrn Mahl halten werden (3,20).

Diese Erwartung verbindet uns mit jenen, die uns im Glauben vorausgegangen sind. In jeder Messe gedenken wir daher nach der Wandlung nicht nur der Lebenden, sondern ebenso der Verstorbenen: alle sind eingeschlossen. Das also ist die frohe Botschaft dieser Feier! Seit Gründonnerstag verstehen wir uns als Kirche des gemeinsamen Mahles, seit jenem denkwürdigen Abend vor seinem Leiden haben wir Tischgemeinschaft mit dem Herrn.

OSTERSONNTAG (Joh 20,1-9)

Viele feiern heute Ostern – wie viele glauben aber wirklich an die Auferstehung? Doch ist das nicht schon seit eh und je ein grundlegendes Problem des Christentums? Denn schon von Anfang an hat eine der christenfeindlichen Behauptungen gelautet: „Das stimmt alles nicht! Man hat den Leichnam Jesu gestohlen! Die Apostel haben schnell ein Märchen erfunden!“ Kann das stimmen? War doch der Jüngerkreis um Jesus, also Männer wie Frauen, zunächst einmal mit dem leeren Grab überfordert, wie wir heute sagen würden.

So berichtet Markus, dass am Ostermorgen einige Frauen zum Grabe Jesu gekommen waren; diese aber mussten feststellen, dass der Stein weggewälzt und das Grab leer war. Erst recht eine Engelserscheinung hat die Frauen so durcheinander gebracht, dass sie zunächst mit Entsetzen vom Grabe geflohen sind (Mk 16,8). Der kleinen Christenschar war also nicht danach zumute, irgendetwas zu manipulieren! Erst die Katastrophe mit dem Tod Jesu, jetzt das leere Grab!

Wie aber hat die andere Seite auf das leere Grab reagiert? Da berichtet Matthäus am Ende seines Evangeliums von einer christenfeindlichen Propaganda. Die Hohenpriester und die Pharisäer erwirken nämlich beim römischen Statthalter Pilatus, dass das Grab Jesu versiegelt und durch eine Wache gesichert werden sollte (Mt 27,65 f). Durch die Auferstehung Jesu werden die Wächter so überrascht, dass sie verschreckt zu den Hohenpriestern eilen und berichten, was geschehen war.

Diese beschließen zusammen mit den Ältesten, den Soldaten Geld zu geben; dafür sollten diese dann das Gerücht ausstreuen, die Jünger hätten in der Nacht den Leichnam Jesu gestohlen (Mt 28,11-15). Dieses Gerücht hat sich erwiesener Maßen länger in Jerusalem gehalten (Justin, + 165). Doch kann dieses Gerücht glaubwürdig sein? Wie hätte denn das praktisch funktionieren sollen? Ein Grabstein in der damaligen Zeit war ja kein kleines Handköfferchen, das man nach Belieben hin und her hätte tragen können.

Um so einen schweren Stein zu bewegen, hätte es schon stärkere Männer gebraucht – und da hätten die Wächter nicht gemerkt, dass am Grabe Jesu etwas manipuliert wird? Doch sogar manche jüdische Gelehrte stimmen heute zu, dass es sich bei der Auferstehung Jesu um mehr als eine Halluzination oder einen Schwindel handeln müsse. Denn wenn es auch in anderen Religionen und Kulturen Schilderungen von Totenerscheinungen gibt, nie wird berichtet, dass in der Folge an den Beobachtern religiöse Veränderungen feststellbar gewesen wären.

Wie aber war das nach Tod und Auferstehung Jesu? Erst gerät diese verängstigte Apostelschar zusammen mit den Frauen durcheinander, wie wir im heutigen Evangelium gehört haben. Und dann? Da wird aus diesen ganz einfachen Menschen eine selbstsichere, heilsbewusste Missionsgesellschaft. Von vorneherein sind viele aus dieser Gruppe bereit, für ihre Überzeugung von der Auferstehung Jesu ihr Leben einzusetzen. So ist es bis heute geblieben! Deswegen sind wir hier und bezeugen gemeinsam den Glauben an die Auferstehung!

OSTERMONTAG (1 Kor 15,1-8.11; Lk 24,13-35)

Das heutige Evangelium setzt fort, was wir gestern gehört und gefeiert haben. Da wurde uns nämlich gezeigt, wie den Jüngern und den Frauen immer klarer wurde, dass der Herr von den Toten erstanden ist. Es ist in ihrem Inneren lichter geworden. Und so ist es weiter gegangen. Das zeigt beispielshalber die Erfahrung der beiden Emmaus-Jünger. Da hat es eingangs unseres heutigen Evangeliums geheißen, sie seien mit Blindheit geschlagen gewesen. Deswegen erkennen sie erst nicht, wer da mit ihnen auf dem Weg ist.

Gegen Ende berichtet dann der Evangelist, es seien ihnen die Augen aufgegangen und sie hätten den Herrn erkannt. Was also einerseits eine Fortsetzung zum gestrigen Evangelium ist, ist zugleich ein Kontrast zur Erzählung vom „Sündenfall“ im ersten Buch der Bibel. Darin wird zunächst geschildert, dass Gott, der Herr, dem Menschen geboten habe, er dürfe nicht vom Baum der Erkenntnis essen (Gen 2,17). Doch die Menschen lassen sich von der Schlange verführen und essen von den verbotenen Früchten. Was ist die Folge?

Der biblische Erzähler fährt fort: da gingen ihnen die Augen auf und sie erkannten ihre Armseligkeit (3,7). Damit ist zugleich der vertraute Umgang mit Gott beendet. Bei den Emmaus-Jüngern ist es gerade umgekehrt. Sie lassen sich auf ihrem Weg von ihrem Begleiter in den Sinn der Schrift einführen. Nach dieser Vorbereitung gehen ihnen die Augen auf und sie erkennen den auferstandenen Herrn, der dann zwar ihren leiblichen Augen entschwindet, aber: in den Gestalten von Brot und Wein sowie in seinem Wort bleibt er ihnen weiterhin gegenwärtig.

Die Gegenwart des Auferstandenen bleibt allerdings an die Gemeinschaft der Glaubenden gebunden. Deswegen kehren diese beiden Jünger noch einmal nach Jerusalem zurück, bevor sie dann ihren Lebensweg fortsetzen. Während also Adam und Eva ihr weiteres Leben – symbolisch gesprochen – als Last, ja als Fluch erleben, bedeutet die Erfahrung des Auferstandenen für die ersten Jünger und Jüngerinnen Freude und einen neuen Anfang. So erkennen sie ihre besondere Berufung: sie sollen nämlich die Botschaft von Ostern in die ganze Welt hinaustragen!

Diesem Vorbild entsprechend, sollen auch wir weitergeben, was wir empfangen haben (1 Kor). Auch wenn es heutzutage immer wieder als naiv angesehen wird, aber: letztlich kann nur die Religion Antwort auf die Fragen nach Sinn und Ziel des Lebens geben. Mögen uns in dieser Feier erneut gleichsam die Augen aufgehen, dass wir persönlich fassen können, was uns mit der Auferstehung Jesu geschenkt ist. Damit wir wie die Emmaus-Jünger mit neuer Freude unseren Lebensweg fortsetzen können!

2. OSTERSONNTAG (Joh 20,19-31)

Würde man jemanden unbefangen fragen: War Ostern schon oder kommt es erst? – was würden die meisten darauf antworten? Vermutlich: Ostern war heuer schon, es kommt erst nächstes Jahr wieder. Allein vom Datum her stimmt das natürlich, aber ist damit auch der Sinn von Ostern erfasst? Sicher ist die Auferstehung Jesu etwas Einmaliges und damit Unwiederholbares; deswegen hat es ja für uns Christen solch grundlegende Bedeutung.

Daher feiern wir auch jedes Jahr Ostern, um immer tiefer in dieses Glaubensgeheimnis einzudringen. Darum kann man diese Feier nicht einfach nur auf einen Tag im Jahr beschränken. Ostern soll ja weiterwirken. Und so ist jeder Sonntag im Jahreskreis solch ein kleines Ostern. Das zeigt sich in den Worten vor der Wandlung in der Messe, wenn der Priester betet: wir feiern „den ersten Tag der Woche als den Tag, an dem Christus von den Toten erstanden ist.“

Durch diesen beständigen Rückblick auf Ostern und damit auf die Auferstehung unseres Erlösers sollte unser Glaube sein Profil erhalten. Auch den Aposteln ist das Glauben nicht so leicht gefallen. Man spricht oft im Hinblick auf das heutige Evangelium vom „ungläubigen Thomas“. Nicht ganz zu Recht! Man übersieht dabei, dass auch die anderen Apostel und Jünger zunächst „Ungläubige“ waren. Nein, sie haben wirklich nicht leicht zum Auferstehungsglauben gefunden!

Das zeigen die verschiedenen Evangelien-Berichte. Wie ist denn die Ausgangssituation im heutigen Evangelium? Erst, nachdem sich der Auferstandene den Aposteln gezeigt und sie mit dem Heiligen Geist angehaucht hatte, können sie wirklich glauben und sich auch über den neugewonnenen Glauben freuen. Insofern also war Thomas nicht anders als die anderen; er verlangte schließlich auch nichts anderes zu sehen, als die übrigen Apostel erlebt hatten. Einfältig waren also all diese Männer nicht!

Thomas beantwortet dann das Erscheinen des Auferstandenen mit dem Glaubensbekenntnis: „Mein Herr und mein Gott!“ Warum aber wurde dieses persönliche Glaubenszeugnis aufgeschrieben? Nur zu unserer Information? Nein, der Evangelist fährt nämlich fort: dies alles sei aufgeschrieben worden, damit wir glauben, dass Jesus der Messias ist, der wahrhaft auferstanden ist. Durch diesen Glauben sollen wir das Leben haben.

Wie diese Begebenheit nicht am letzten, sondern am ersten Tag der Woche geschehen ist, so beginnen auch wir mit diesem Tag die neue Woche. Der Sonntag ist doch für uns Christen nicht das „Wochenende“, also „weekend“, wie man zu sagen pflegt; er ist kein Ende, sondern ein Anfang. Der Sonntag ist der Tag der Auferstehung. Er möchte uns die Kraft geben, trotz aller Rückschläge immer wieder neu im Sinne des österlichen Glaubens anzufangen.

3. OSTERSONNTAG (Apg 5,27-32.40-41; Joh 21,1-14)

Die depressiven Erkrankungen nehmen weltweit zu. Wie kann man angesichts dieser Tatsache gegensteuern? In Fällen schwerer Niedergeschlagenheit wird man zu Medikamenten raten. Ebenso wäre eine Psychotherapie ins Auge zu fassen. Ist das alles? Hat da nicht auch unser Glaube etwas dazu zu sagen? Eine erste Antwort auf diese Frage können wir dem Evangelium vom Ostermontag entnehmen.

Von den beiden Emmaus-Jüngern berichtet Lukas (24,13-35), sie wären ganz traurig unterwegs gewesen. Doch der Auferstandene spricht sie an, und so können sie von ihrem Verlust und von ihrer Enttäuschung erzählen. Weil Jesus ihnen zuhört, können sie sich trotz ihres Schmerzes öffnen und reden. Die beiden Jünger werden aber auch in die Lage versetzt, die Erklärungen des Auferstandenen anzunehmen: so wird ihnen leichter!

Man muss sich also dem Leiden stellen – auch wenn der Mensch eher dahin tendiert, Unerfreuliches beiseite zu schieben. Der Erlöser selbst hat mit seinem Verhalten der Kirche zur Aufgabe gemacht, mit den Menschen über das zu reden, was sie zutiefst bewegt. Die Pastoralkonstitution des II. Vatikanums beginnt bezeichnender Weise mit den Worten: „Freude und Hoffnung, Trauer und Angst der Menschen von heute…sind auch Freude und Hoffnung, Trauer und Angst der Jünger Christi.“

Schöne Worte allein werden allerdings wenig helfen, Schicksalsschläge zu überwinden. Denn gerade bei Enttäuschungen und Verlust, bei Krankheit und Tod stellt sich die Frage nach dem Sinn besonders stark. Wer aber beschäftigt sich heute noch ernsthaft damit? Immer wieder sind es gerade die Christen! Die heutige Lesung dürfte diesbezüglich eine Hilfe sein. Die Apostelgeschichte berichtet nämlich von der Verhaftung einiger Apostel durch den hohen Rat.

Diese Männer werden obendrein noch ausgepeitscht – das wird in unserer Lesung ausgelassen. Im Namen der Mitgefangenen spricht Petrus von Tod und Auferstehung Jesu. Die Überzeugung, damit Gott zu gehorchen und vom Heiligen Geist geleitet zu sein, gibt diesen Männern offenkundig die Kraft, trotz aller Schmerzen im Leiden durchzuhalten und darin einen tieferen Sinn zu erkennen.

Die Apostelgeschichte berichtet sogar, dass sich diese Männer freuten, für den Namen Jesu Schmach zu erleiden. Wie ist das zu erklären? In ihren Widerwärtigkeiten haben die Apostel vor Augen gehabt, dass es dem Erlöser ähnlich ergangen ist. Als Jünger des Herrn aber durften sie darauf vertrauen, einst zum verklärten Herrn erhöht zu werden: das ließ sie alle Schmerzen und Entbehrungen aushalten, ohne in Niedergeschlagenheit zu verfallen. Möge diese Überzeugung auch uns in den Schwierigkeiten des Lebens bestärken!

4. OSTERSONNTAG (Joh 10,27-30)

Die Kirche ist in die Schlagzeilen geraten. Und so bezeichnen Journalisten zuweilen den Papst salopp als „Oberhirten“ oder gar als „Oberhaupt“ der Kirche. Entspricht das aber unserem katholischen Verständnis vom Petrusamt? Im heutigen Evangelium spricht Jesus von seinen Schafen, die auf seine Stimme hören. Wie ist das gemeint? Das heutige Tagesgebet erklärt dazu, der Sohn Gottes sei der gute Hirt.

Das aber heißt: Jesus allein ist „der Hirt“ schlechthin! Er sagt knapp vor der heutigen Evangelien-Stelle von sich: „Ich bin der gute Hirt.“ Daher sind all jene, die in der Kirche ein Amt innehaben, nur im Namen und Auftrag des Erlösers tätig, indem sie Anteil an seinem Hirtenamt haben. Das gilt im Besonderen für die Nachfolger das Apostels Petrus. Der Auferstandene hat ja nach dem wunderbaren Fischfang Petrus drei Mal gefragt: „Liebst du mich?“ Mit der

Antwort des Petrus hat der Herr den Auftrag verbunden: „Weide meine Lämmer, weide meine Schafe“ (Joh 21,15-17).

Es wird also in der Kirche immer Hirten geben, es wird das Petrusamt geben – aber stets in Verantwortung dem Erlöser gegenüber. Deswegen mahnt 1 Petr (5,2-4) die Vorsteher der Gemeinden: „Sorgt als Hirten für die euch anvertraute Herde Gottes, nicht aus Zwang, sondern freiwillig, wie Gott es will; auch nicht aus Gewinnsucht, sondern aus Neigung; seid nicht Beherrscher eurer Gemeinden, sondern Vorbilder für die Herde! Wenn dann der oberste Hirt erscheint, werdet ihr den nie verwelkenden Kranz der Herrlichkeit empfangen.“

Wie der Auferstandene der oberste Hirt seine Herde ist, so ist er auch das Haupt der Kirche. Es ist daher eine schlechte Wortwahl, wenn Journalisten den Papst als „Oberhaupt der Kirche“ bezeichnen! Paulus schreibt im Brief an die Kolosser (1,17 f) vom Erlöser: „Er ist vor aller Schöpfung, in ihm hat alles Bestand. Er ist das Haupt des Leibes, der Leib aber ist die Kirche.“

Wenn also der Herr selbst das Haupt des Leibes ist, dann kann nicht der Papst das „Oberhaupt“ sein, vielleicht gar noch über Christus gedacht. Damit ist ein Doppeltes gesagt: jene, die das Hirtenamt in der Kirche ausüben, dürfen sich nicht an die Stelle Jesu setzen oder gar über ihm sein wollen: damit würden sie ihr Amt und ihren Auftrag verderben.

Aber auch das geht klar aus den biblischen Texten hervor: es muss solche geben, die Vollmacht haben und daher die Herde leiten dürfen. Um solche sollten wir beten, nicht nur an diesem Sonntag. In diesem Sinn wenden wir uns mit den Worten des heutigen Tagesgebetes an den allmächtigen Gott: „Geleite auch die Herde, für die er – Jesus – sein Leben hingab, aus aller Not zur ewigen Freude.“

5. OSTERSONNTAG (Apg 14,21-27; Joh 13,31-35)

Sozialforscher haben einen beunruhigenden Trend beobachtet: für Jugendliche wird nämlich die virtuelle Wirklichkeit immer wichtiger. Sie leben also teilweise in einer Scheinwelt und verbringen täglich einige Zeit oder sogar mehr vor dem Bildschirm oder mit dem Smartphon in der Hand. Diese mediale Welt wird für solche Jugendliche bestimmender als das, was in der realen Wirklichkeit vor sich geht.

Neuere Jugendstudien zeigen aber auch etwas anderes: junge Menschen, die in eine Gemeinschaft eingebunden sind, kümmern sich deutlich stärker um die realen Dinge des Lebens, etwa in der Familie, in Vereinen oder auch in kirchlichen Institutionen. Damit sind sie entscheidend besser vorbereitet auf spätere Schwierigkeiten als jene, die nur vor dem Bildschirm sitzen.

Einen geradezu pädagogischen Hinweis dazu gibt die heutige Lesung. Sie berichtet vom Ende der ersten Missionsreise des Apostels Paulus. Dieser ist nicht als Abenteurer auf Entdeckungsreise ausgezogen; sondern dem Antrieb des Geistes folgend, hat die Gemeinde von Antiochia in Syrien Paulus und Barnabas ausgesandt. Die beiden waren beauftragt, in Kleinasien das Wort Gottes zu verkünden und neue Gemeinden zu gründen. Damit sollte auch den Heiden die Tür zum Glauben geöffnet werden.

Worauf machen nun Paulus und Barnabas auf ihrer Rückreise die neuen Christen aufmerksam? Sie sagen: „Durch viele Drangsale müssen wir in das Reich Gottes gelangen." Die beiden Missionare verheißen also keine virtuelle Wirklichkeit, wo einem alles gelingt oder wo man die Spielregeln selbst machen kann. Im Gegenteil: als Christ muss man lernen, sich den Lebensaufgaben zu stellen und Gegenwind auszuhalten. Hoffentlich haben das all jene akzeptiert, die heuer oder schon früher in unserer Pfarre oder anderswo gefirmt wurden!

Denn ein mündiger Christ ist man erst dann, wenn man bereit ist, Verantwortung zu tragen und Nachteile in Kauf zu nehmen. Das könnte im Ausnahmefall bedeuten, dass man sehenden Auges dem Kreuz entgegengeht. So wird es im heutigen Evangelium berichtet. Nachdem nämlich Judas Iskariot den Abendmahlsaal verlassen hatte, war für Jesus klar, dass er nur noch eine kurze Zeit zu leben hatte.

Nur auf diese Weise konnte er in die Herrlichkeit seines Vaters eingehen. Wenn wir also im heutigen Tagesgebet darum bitten, Gott möge uns „die wahre Freiheit und das ewige Erbe" schenken, dann müssen wir hinzufügen: die wahre Freiheit werden wir nur geschenkt bekommen, wenn wir uns nicht in eine virtuelle Scheinwelt flüchten, sondern – wie die ersten Christen – bereit sind, die mit dem Glauben verbundenen Bedrängnisse anzunehmen.

6. OSTERSONNTAG (Joh 14,23-29)

Ein entscheidender Schritt ist es, der mit dem heutigen Evangelium markiert wird: gemeint ist der Schritt vom Judentum hin zum Christentum. Mögen es nämlich auch religiöse Juden sowie Muslime als Aberglauben bezeichnen – wie ich selbst schon gehört habe – : was aber erläutert denn Jesus in seinen Abschiedsreden? Mit einer Deutlichkeit wie nicht zuvor bringt er ein neues Gottesverständnis; er bringt ein neues Verständnis hinsichtlich der Person des Messias und er bringt eine neue Einsicht in das Wirken des Geistes.

Wie lässt sich diese Ablösung des Christentums vom Judentum veranschaulichen? Eine kleine Erzählung aus dem chassidischen, also dem östlichen Judentum möge das verdeutlichen. Ein junger Thora-Schüler kommt zu seinem Rabbi und berichtet ganz aufgeregt, er habe von Christen gehört, der Messias sei schon gekommen. Der Rabbi geht zum Fenster, schaut hinaus und bemerkt: „Ich sehe nichts." Welche Überzeugung steckt hinter dieser Antwort?

Gerade religiöse Juden sind der Auffassung, das Erscheinen des Messias in dieser Welt werde etwas so Umwälzendes sein, dass man das deutlich merken müsste, etwa in der Natur, in den politisch-sozialen Verhältnissen usw. Was hingegen lehrt Jesus im heutigen Evangelium? Zunächst: Gott ist nicht einfachhin nur Einer, sondern in Gott sind drei Personen. Schöpfung und Erlösung nehmen ihren Ausgang von Gott-Vater. Jesus versteht sich als dessen Sohn und erklärt, dieser Vater habe ihn gesandt.

Wir Christen nennen daher Jesus die zweite göttliche Person: in ihm erkennen wir unseren Erlöser! Für uns ist in ihm der verheißene Messias in die Welt gekommen. Und schließlich – gemäß den Worten Jesu – sendet der Vater im Namen Jesu den Geist, wir sprechen von der dritten göttlichen Person. Wir sehen in ihm unseren Beistand, der uns das Werk der Erlösung tiefer verstehen lässt. Zu Pfingsten wird dann durch die Erfahrung der Geistsendung das Wesen der Dreifaltigkeit voll und ganz offenbar (KKK 732), soweit das für uns fassbar ist.

Darüber hinaus schenkt uns der Geist, die „Gabe Gottes" schlechthin (KKK 733; 1300), jenen Frieden, den diese Welt nicht geben kann. So hat es Jesus angekündigt, und er hat hinzugefügt: „ Euer Herz beunruhige sich nicht und verzage nicht!" Der Geist wirkt also unspektakulär, aber letztlich doch wahrnehmbar! Und darum dürfen wir Christen vertrauensvoll den Schritt in die Zukunft wagen!

CHRISTI HIMMELFAHRT (Apg 1,1-11; Lk 24,46-53)

Wie soll man den Weg kennen, wenn man nicht einmal um das Ziel weiß? Nicht nur uns stellt sich diese Frage immer wieder – sind nicht auch die Apostel vor dieser Frage gestanden? Versetzen wir uns doch gedanklich in die Situation der Apostel während des letzten Abendmahles! Laut dem Johannes-Evangelium kündigt Jesus im Rahmen seiner Abschiedsreden an, er werde seinen Jüngern vorausgehen, um ihnen einen Platz zu bereiten; und er stellt fest: „Ihr kennt den Weg, wohin ich gehe“ (Joh 14,2 ff).

Thomas traut sich stellvertretend für die anderen zu fragen: „Herr, wir wissen nicht, wohin du gehst; wie sollen wir den Weg kennen?“ Und dann folgt die bekannte Antwort des Erlösers: „Ich bin der Weg und die Wahrheit und das Leben.“ Thomas hat also eine vernünftige Frage gestellt – ob die anwesenden Jünger aber wirklich begriffen haben, was der Herr mit seiner Antwort gemeint hat? Ob sie tatsächlich akzeptiert haben, dass Jesus nicht nur um Weg und Ziel weiß, sondern dass er selbst der Weg und zugleich das Ziel ist?

Das dürfen wir bezweifeln! Vor allem aber wurden zunächst mit dem Martyrium und dem Kreuzestod Jesu die allzu irdischen Erwartungen der Jünger zerstört. Wenn gilt, dass die Hoffnung das Tor in die Zukunft ist, dann wurde dieses Tor fürs erste zugeschlagen. Doch durch die Auferstehung Jesu hat sich dieses Tor wieder etwas geöffnet. Aber erst mit der Erhöhung des Auferstandenen in den Himmel ist seinen Jüngern förmlich vor Augen geführt worden, was Jesus mit der Ankündigung gemeint hat: er werde den Seinen vorausgehen, um ihnen einen Platz beim Vater zu bereiten.

Auf das Zeugnis der Apostel und Evangelisten hin dürfen wir Christen das glauben und auf uns beziehen. Denn für diesen Glauben haben unzählige Menschen ihr Leben eingesetzt, im Hinblick auf die damit verbundene Hoffnung haben sie gelebt. Natürlich kann man das alles bezweifeln; ja man kann darüber lächeln, wie es nicht so selten geschieht. Doch neu ist das nicht!

Schon Paulus hat bezüglich dessen, was die Auferstehung des Herrn bewirkt hat, geschrieben: „Wenn Tote nicht auferweckt werden, dann lasst uns essen und trinken, denn morgen sind wir tot“ (1 Kor 15,32; Jes 22,13). Aber gleichzeitig warnt Paulus: „Lasst euch nicht irritieren!“ Was hätte es denn für einen Sinn, christlich zu leben, wenn Jesus nicht von den Toten auferstanden wäre? Wenn er nicht in den Himmel erhoben worden wäre?

Darum nochmals: warum haben so unzählig viele Christen gerade für diesen Glauben ihr irdisches Leben aufs Spiel gesetzt? Es war die Überzeugung, dass die Evangelien nicht lügen – das hat diesen Gläubigen Kraft gegeben. Es war die Hoffnung, dass der Weg in der Nachfolge Jesu dorthin führt, wohin uns der Herr vorausgegangen ist! Diese frohe Botschaft wollen wir jetzt anschließend im Glaubensbekenntnis bezeugen.

7. OSTERSONNTAG (Offb 22,12-17.20; Joh 17,20-26)

Fast schon unauffällig steht im heutigen Evangelium die Feststellung Jesu: „Ich habe ihnen deinen Namen kundgetan und werde ihn kundtun.“ Es handelt sich dabei um eine Zwiesprache Jesu mit seinem Vater; sie ist den Abschiedsreden Jesu entnommen. Sind wir uns der Auszeichnung bewusst, dass wir um den eigentlichen Gottesnamen wissen dürfen? Dass wir daher in diesem Namen beten dürfen?

Was mit diesen Fragen gemeint ist, sei anhand einer Erzählung aus dem Alten Testament verdeutlicht. Noch vor dem Auszug aus Ägypten weidet Mose Schafe und Ziegen beim Gottesberg Horeb. Da sieht er einen brennenden Dornbusch und erlebt die Offenbarung des Gottesnamens: „Ich bin der ‚Ich bin da`“ (Ex 3,14). Damit verbindet sich der Auftrag an ihn, die Israeliten aus Ägypten herauszuführen.

Die Juden haben es stets als Ehre und Auftrag verstanden, um den eigentlichen Gottesnamen zu wissen. Hat diese Offenbarung aber auch für uns Bedeutung? Selbstverständlich, denn auch wir Christen sind überzeugt, dass Gott der ist, der immer und überall bei uns ist; es gibt keine Stelle im Universum, wo Gott nicht wäre. Und es gab keine Zeit und es wird keine Zeit geben, wo Gott nicht in der Geschichte wirken würde, auch wenn wir Menschen das nicht so leicht feststellen können.

In der Einleitung zur Offenbarung des Johannes grüßt daher der Schreiber dieses letzten Buches der Bibel: „Gnade sei mit euch und Friede von Ihm, der ist und der war und der kommt“ (1,4). Ebenso sagt auch der erhöhte Christus in der heutigen Lesung von sich: „Ich bin das Alpha und das Omega, der Erste und der Letzte, der Anfang und das Ende.“

Was unterscheidet dann uns Christen von den Juden? Das kommt im heutigen Evangelium zum Ausdruck: Jesus hat uns das Geheimnis der Dreifaltigkeit geoffenbart und damit auch jenen Namen genannt, mit dem Gott von uns verehrt werden will. Die Juden haben aus Ehrfurcht den Gottesnamen „Jahwe“ allmählich nicht mehr ausgesprochen, auch heutzutage nehmen sie ihn nicht in den Mund.

Wir Christen hingegen sollen den Gottesnamen nicht verschweigen, sondern im Gegenteil in eben diesem Namen beten, wie Jesus uns zu beten gelehrt hat: „Vater unser im Himmel, geheiligt werde dein Name.“ So wollen wir es dann vor der Kommunion gemeinsam – miteinander und füreinander – tun. Jede und jeder ist darüber hinaus eingeladen, persönlich im Alltag für sich und andere so zu beten!

PFINGSTEN (Apg 2,1-11; Joh 20,19-23)

Mitte der 90er-Jahre hatte ich einige telefonische Kontakte mit Kardinal König wegen eines wissenschaftlichen Aufsatzes. Professor König war nämlich von 1949-52 Moraltheologe in Salzburg. Was ist mir von diesen Telefonaten mit dem Kardinal in Erinnerung geblieben? Erstens: dass er bescheiden und höflich war. Und zweitens: dass er die Gespräche mit dem Satz beendet hat: „Ich wünsche Ihnen die Kraft von oben!“

Möglicherweise hat sich Kardinal König damit auf die Verheißung zu Beginn der Apg (1,8) bezogen. Da hat Jesus angekündigt: „Ihr werdet die Kraft des Heiligen Geistes empfangen, der auf euch herabkommen wird“ (vgl.: Lk 24,49). Ob nach dieser Gabe nicht auch gegenwärtig ein verbreitetes Bedürfnis besteht? Man braucht nur herumzuhören: von wem oder wovon erwartet man eine Besserung der Zustände? Da ertönt der Ruf nach dem starken Mann oder einer starken Hand.

Wir leben also in einer Welt voller Erwartungen, ja voller Sehnsüchte. Ob da die Sehnsucht nach dem Kommen des Heiligen Geistes dazugehört? Die Allerwenigsten dürften mit den Worten der Pfingstsequenz rufen: „Komm herab, oh Heil'ger Geist...Strahle Licht in diese Welt." Das ist zu bezweifeln! Woher erwarten wir Christen also die entscheidende Hilfe bei der Lösung anstehender Probleme? Richtig: von der Kraft von oben, dem Heiligen Geist! So hat das auch die junge Christengemeinde in Jerusalem erlebt.

Man hat zwar zusammengehalten, aber sehr dynamisch oder gar „lösungsorientiert, innovativ" – wie man heute sagen würde – hat diese kleine Gruppe nicht gewirkt. Doch dann kommt dieser Geist von oben, dessen Wirken eigentlich nicht in Worte zu fassen ist. Aber er wirkt in dieser Gemeinde wie ein Magnet: er sorgt zunächst für den nötigen Zusammenhalt. Dann und vor allem: er entfaltet eine anziehende Kraft.

Und so strömen die unterschiedlichsten Menschen beim Abendmahlsaal zusammen. Da entsteht eine wellenartige Bewegung wie bei den Gezeiten des Meeres: erst strömen die Menschen zusammen; sie werden ebenfalls vom Geist erfüllt. Daraufhin strömen sie wie Wellen, die an einem Ufer angeschlagen haben, wieder zurück, hinaus in alle Himmelsrichtungen. Auf diese Art und Weise hat sich das Christentum ausgebreitet.

So wird es bleiben bis zum Ende aller Zeiten. Die heutige Lesung bringt da nicht nur die Beschreibung eines Ereignisses, sondern sie beinhaltet zugleich eine Zusage. Der Geist wird zwar geschenkt, aber er setzt Offenheit voraus. Ist man dazu bereit, wird man nicht auf großartige Versprechungen hören oder das Heil von sogenannten „starken Persönlichkeiten" erwarten. Dass dieser Geist auch in der heutigen Zeit das wirke, was er am Anfang der Kirche gewirkt hat, dafür wünsche ich uns allen: „die Kraft von oben!"

PFINGSTMONTAG (Röm 8,14-17; Joh 3,16-21)

Was sollte die Sendung des Geistes bewirken? Die Kirche verdeutlicht dies durch die Auswahl bestimmter Schriftstellen. So wurde in der Lesung der Vorabendmesse unseres Hochfestes ein Beispiel der Geistlosigkeit vor Augen geführt. Die Lesung aus dem alttestamentlichen Buch Genesis (11,1-9) schildert nämlich auf symbolträchtige Weise den Turmbau von Babel. Darin heißt es: die Menschen seien überheblich geworden.

Sie hätten einen Turm bauen wollen, der bis zum Himmel reichen sollte. Eine einheitliche Sprache wäre der Garant für Harmonie im Volk gewesen. Doch das himmelstürmende Unternehmen scheiterte kläglich. Dem biblischen Schriftsteller zufolge verwirrte Gott die Sprache der Menschen, so zerstreuten sie sich über die ganze Erde. Auf diese menschliche Verwirrung könnte man ein Wort aus den Psalmen (127,1 f) anwenden:

„Wenn nicht der Herr das Haus baut, müht sich jeder umsonst, der daran baut. Wenn nicht der Herr die Stadt bewacht, wacht der Wächter umsonst." Damit wird einerseits eine alte Menschheitserfahrung gedeutet, dass nämlich weltliche Reiche so lange wachsen, bis ein Zusammenhalt von innen her nicht mehr möglich ist. Andererseits wird aber einschlussweise auch hinsichtlich künftiger Großreiche und dergleichen gewarnt.

Geistlose Machtgebilde tragen den Todeskeim schon in sich. Wenn sich die Spitze der Pyramide zu weit von der Basis entfernt, beginnen solche Institutionen zu zerbröckeln. Gilt das nicht auch analog für die Kirche? Im Zuge gegenwärtiger Reformbemühungen in den verschiedenen kirchlichen Bereichen wird dieses Anliegen berücksichtig. Vorbild ist immer wieder die christliche Urgemeinde, welche überraschend eine gänzlich neue Erfahrung machen durfte.

Wenn nämlich Gott sein Haus baut, dann müht sich der Mensch nicht umsonst. Wenn sich also die Christen als lebendige Bausteine zu einem geistigen Haus aufbauen lassen, wie es im ersten Petrusbrief (2,5) heißt, dann hat dieses Haus Bestand, die Stürme der Zeit können es nicht zum Einsturz bringen (Mt 7,25). Für Babel galt: die Menschen hatten eine gemeinsame Sprache, aber sie verstanden einander nicht – der Geist fehlte.

Nach Pfingsten gilt: die Christen sprechen vielleicht unterschiedliche Sprachen, aber sie verstehen einander – und sie werden verstanden! Das merken auch jene, die zu Pfingsten in Jerusalem zusammengeströmt sind. Es wird erfahrbar, was wir im Römerbrief gehört haben. Die sich nämlich vom Geist Gottes leiten lassen, entwickeln ein neues Verhältnis zu Gott und zueinander. Oder, wie wir es in der Pfingstpräfation hören werden: „Der Geist schenkt allen Völkern die Erkenntnis des lebendigen Gottes und vereint die vielen Sprachen im Bekenntnis des einen Glaubens."

DREIFALTIGKEITSSONNTAG (Joh 16,12-15)

Eine wichtige Feststellung, die mit dem heutigen Sonntag zu tun hat, habe ich dem Katechismus der katholischen Kirche entnommen. Da heißt es: „Am Pfingsttag vollendet sich das Pascha Christi in der Ausgießung des Heiligen Geistes. Dieser wird als göttliche Person offenbar" (KKK 731). Und ferner: „An diesem Tag wird die heiligste Dreifaltigkeit voll und ganz geoffenbart" (732). Mit anderen Worten: das Dreifaltigkeitsfest ist bewusst als Oktavtag von Pfingsten gewählt worden.

Mit dem heutigen Sonntag wird uns eine weitere Auslegung dessen geboten, was die Sendung des Geistes bedeutet. Denn dass es etwas Göttliches hinter dieser Welt geben müsse, war schon für die großen Denker der Antike einleuchtend. Den Israeliten wurde darüber hinaus durch die Erscheinung am Sinai die Gewissheit geschenkt: ihr Gott ist „Jahwe", der da ist und der bei seinem Volk bleibt (Ex 3,14). Dieser ist der einzige Gott, neben ihm gibt es keine anderen Götter.

Insofern sind sich Judentum und Islam einig und stehen dem Christentum gegenüber. So hat es beispielshalber vor einiger Zeit namens des Judentums ein Rabbi erklärt. Was aber ist dann das Eigenständige des Christentums? Und was unterscheidet es von anderen Religionen? Zunächst: wir Christen dürfen Gott als Vater ansprechen! So haben wir es zum Beispiel im heutigen Evangelium gehört. In diesem Sinn hat uns der Herr das „Vaterunser" zu beten gelehrt (Mt 6,9-13). Der Erlöser selbst aber versteht sich als der einzige Sohn dieses Vaters.

Wenn Jesus im heutigen Evangelium erklärt: „Alles, was der Vater hat, ist mein", dann ist für uns Christen klar, dass er damit die gleiche Göttlichkeit für sich beansprucht, die wir vom Vater aussagen. Von jenem Geist aber, den Jesus verheißt, kündigt er an: „Er wird von dem, was mein ist, nehmen..." Damit ist einschlussweise gesagt, dass auch der Geist eine Person sein muss; ihm kommt somit ebenfalls Göttlichkeit zu. Oder, wie der Katechismus feststellt: „Der Vater sendet seinen Sohn und den Geist, ihre Sendungen sind verbunden und lassen sich nicht trennen" (743).

Jetzt wird auch verstehbar, was der Katechismus damit meint, dass anlässlich des Pfingstereignisses die Dreifaltigkeit Gottes voll und ganz geoffenbart und für die Gläubigen erfahrbar wird. Weil uns nicht nur eröffnet ist, dass in

Gott drei Personen sind, sondern wir auch um deren Namen wissen, könnte man sagen: wir feiern heute ein zutiefst christliches Fest, und zwar den Namenstag des Vaters, des Sohnes und des Heiligen Geistes. Ehre sei dem einen Gott in drei Personen in seiner ungeteilten Wesenheit!

FRONLEICHNAM (1 Kor 11,23-26; Lk 9,11-17)

Schon am Gründonnerstag haben wir der Einsetzung der Eucharistie gedacht. Und wir haben damals die Messe ähnlich gefeiert, wie es Jesus getan hat: in der Nacht vor seinem Leiden, im Kreis seiner Apostel. Warum aber dann noch eigens das Fest „Fronleichnam"? Ist das nur eine Verdoppelung dessen, was wir in der Karwoche ohnehin schon gefeiert haben? Handelt es sich also um zwei gleichartige Feste? Oder steckt ein tieferer Sinn dahinter? Zum besseren Verständnis kann ein Vergleich dienen: wie verhalten sich Ostern und Pfingsten zueinander?

Die Antwort ist einfach: zu Ostern feiern wir die Auferstehung des Herrn. Zu Pfingsten hingegen feiern wir nicht nur die Herabkunft des Heiligen Geistes; sondern besonders auch, dass das Werk der Erlösung ans Licht der Öffentlichkeit getreten ist. Verhalten sich nicht Gründonnerstag und Fronleichnam ähnlich zueinander? Denn dass die beiden Feste zusammengehören, lässt sich der Leseordnung für die beiden Tage entnehmen.

Sowohl am Gründonnerstag als auch heute, am Fronleichnamstag, hat die Kirche denselben Abschnitt aus dem ersten Korintherbrief (11,23 ff) gewählt. Darin skizziert Paulus mit wenigen Worten die Einsetzung der Eucharistie – das also verbindet die beiden Tage! Inwiefern weist nun Fronleichnam über den Gründonnerstag hinaus? Am Gründonnerstag haben wir gefeiert, dass Gott uns „im Sakrament des Altares...das Gedächtnis seines Leidens und seiner Auferstehung hinterlassen" hat (Tagesgebet Fronleichnam).

Doch heute, am Hochfest des Leibes und Blutes Christi, wird dieses Geheimnis in die Öffentlichkeit hinausgetragen – auch wenn nicht überall Prozessionen möglich sind. Damit wird vor aller Welt unser Glaube an die bleibende Gegenwart des Auferstandenen bezeugt. Und es wird verdeutlicht, was unseren europäischen Kontinent durch die Jahrhunderte geprägt hat. Dem dienen die

Prozessionen über die Felder und durch die Straßen. Und deshalb ist es auch sinnvoll, eigens Fronleichnam zu feiern.

Wir können diesen Gedanken aber noch weiterführen. Jeder Sonntag ist dem Gedächtnis der Einsetzung der Eucharistie sowie der Auferstehung des Erlösers gewidmet, gemäß dem Auftrag des Herrn: „Tut dies zu meinem Gedächtnis!“ Wir dürfen daher besonders jede sonntägliche Eucharistiefeier als Vergegenwärtigung von Ostern und Fronleichnam verstehen. Wieso ist dies aber in unseren Pfarren regelmäßig möglich? Nur durch die verlässliche und beständige Mitfeier der ganzen Gemeinde!

Das sei heute ausdrücklich anerkannt! Diese Treue wird nicht unbelohnt bleiben. Was wird uns denn durch das Schlussgebet der heutigen Messe verheißen? Dass der Empfang der Kommunion ein Vorgeschmack der kommenden Herrlichkeit sei. Im jenseitigen Leben wird uns dann der volle Genuss der Gottheit geschenkt werden. Das dürfen wir als persönliche Zusage aus dieser Messe mitnehmen!

9. SONNTAG/JAHRESKREIS (1 Kön 8,41-43; Lk 7,1-11)

In der heutigen Lesung hören wir ein Gebet des alttestamentlichen Königs Salomo. Er hat es im Rahmen der Einweihung des neuen Tempels gesprochen. Darin hat er Gott darum gebeten, dass die Israeliten in diesem Haus erhört würden. Doch nicht nur das, sondern auch, dass jene Erhörung finden sollten, die von weit her kämen. Diesem Vorbild entsprechend, sind auch wir hier zusammengekommen, um gemeinsam zu beten: in der Überzeugung, dass Gott unter uns ist und uns erhören werde.

Bereits im Alten Testament also hat man gewusst, dass Gott auf das Beten aller hört, wer auch immer sie wären, und wo immer sie seinen Namen anrufen sollten. Es hätte somit nicht den Absichten Gottes entsprochen, dass Juden den Tempel gleichsam verteidigten und nur für sich reklamieren würden, etwa mit der Begründung: das ist unser Haus Gottes, da haben andere nichts darin zu suchen.

Wenn wir daher manchmal ausrufen: „Mein Gott…“, dann heißt das nicht, dass Gott ausschließlich unser Gott ist und nur auf uns hört, sich anderen gegenüber aber verschließt, wenn uns diese nicht zu Gesicht stehen sollten. Durch das Auftreten Jesu und seine Lehrtätigkeit wird das noch weiter verdeutlicht. Die Zuwendung Gottes zu den Menschen ist nicht auf einen bestimmten Raum oder auf ein Volk beschränkt. Erhört wird, wer sich ehrlichen Herzens an ihn wendet.

Dies gilt, auch wenn es für uns Menschen oft nicht direkt erkennbar ist, dass unser Gebet bei Gott angekommen ist. Das Trostvolle am heutigen Evangelium ist, dass Jesus Verständnis für leidende, kranke Menschen hat. Der Erlöser geht nicht am Menschen vorbei, er geht den Menschen nach. Das gilt ebenso für den Diener eines römischen Hauptmanns, der bestimmt kein Jude war. Dieser Kommandant einer Hundertschaft wollte Jesus ersparen, das Haus eines Heiden betreten zu müssen.

Denn dadurch wäre der Herr nach damaligen Vorstellungen unrein geworden. Doch voll Gottvertrauen spricht der Hauptmann das bekannte Wort: „Ich bin nicht würdig, dass du mein Haus betrittst…Sprich nur ein Wort, dann muss mein Diener gesund werden!“ Diesem Beispiel folgend, beten auch wir vor der Kommunion: „Herr, ich bin nicht würdig, dass du eingehst unter mein Dach.“ Der Hauptmann ist fest davon überzeugt, dass das Wort Jesu Wunder wirken könne.

Und er bringt den bekannten Vergleich: wie er als Hauptmann einem Soldaten nur einen Befehl erteilen müsse, und dieser Befehl werde befolgt, so fast schon automatisch müsse das Wort Jesu wirken. Noch ein Weiteres zeigt das Gottvertrauen dieses Heiden: man muss auch seinerseits dem Herrn die Türe öffnen, eine Gebetsautomatik ohne eigenes Zutun gibt es nach christlichem Verständnis nicht.

10. SONNTAG/JAHRESKREIS (1 Kön 17,17-24; Lk 7,11-17)

„Bis 120!“ So lautet ein jüdischer Geburtstagswunsch. Was soll damit ausgedrückt werden? Etwa dass man nur mit bis zu 120 Stundenkilometern auf den Straßen fahren darf? Aber nein, das kann nicht gemeint sein. Was aber dann? „Bis 120!“ Zum Verständnis dieses Wunsches muss man eine Erzählung aus dem Alten Testament heranziehen. Genauer: es handelt sich um das Schlusskapitel des 5. Buches Mose (Dtn 34,7).

Darin wird berichtet, Mose habe die Israeliten aus Ägypten heraus- und durch die Wüste Sinai geführt. Jetzt müsste nur noch der Jordan durchschritten werden, dann könnte das auserwählte Volk in das gelobte Land einziehen. Doch dem Mose wird geoffenbart, dass er das nicht erleben werde. So besteigt er den Berg Nebo: er blickt zurück, er blickt voraus. Und dann stirbt er mit 120 Jahren, seine Vitalität war noch nicht geschwunden.

Darauf bezogen, hat man im Judentum das hohe Alter als Segen Gottes gesehen, besonders wenn einem gute Gesundheit beschieden war. Daher der Wunsch: „Bis 120!" Was aber, wenn man in jüngeren Jahren stirbt? Hatte man dann den Segen Gottes verfehlt? So jedenfalls haben jüdische Kreise gedacht. Das macht ja die Begebenheit im heutigen Evangelium so schmerzvoll. Ähnliches gilt für die Erzählung aus dem 1. Buch der Könige, die wir in der Lesung gehört haben.

Zwar begleiten viele Leute die Witwe von Naim auf dem letzten Weg ihres Sohnes, das ist ja rührend – aber tot bleibt tot, werden viele gedacht haben. Der Ehemann tot, der Sohn tot – war damit nicht auch irgendwie das Leben dieser Witwe erloschen? War damit diese arme Frau nicht doppelt gestraft und vom Segen Gottes ausgeschlossen? Doch dann kommt Jesus, er geht nicht an diesem Unglück vorüber. Vielmehr zeigt er: Gott nimmt sich seines Volkes an, wie Leute aus dem Trauerzug feststellen.

Der leibliche Tod darf nicht als Zeichen dafür genommen werden, dass jemand von Gott nicht gesegnet oder dass er gar verflucht sei. Vielmehr ist die Auferweckung des jungen Mannes von Naim eine Bestätigung dessen, was Jesus an anderer Stelle sagt: „Ich bin die Auferstehung und das Leben. Wer an mich glaubt, wird leben, auch wenn er stirbt; und jeder, der lebt, und an mich glaubt, wird in Ewigkeit nicht sterben" (Joh 11,25 f). Das bewahrheitet sich an dem jungen Mann.

Der lebt wieder, die Mutter kann aufleben, in ihrem Sohn lebt zugleich ihr Mann und damit der Vater dieses Kindes fort. Der Wille zum Leben durchzieht das Judentum und erst recht in höherer Weise das Christentum. Daher ist es nicht nur berechtigt, jemandem ewiges Leben zu wünschen; sondern auch im Hinblick auf das diesseitige Leben „Bis 120!" zu wünschen.

11. SONNTAG/JAHRESKREIS (2 Sam 12,7-10.13; Lk 7,36-50)

„Macht braucht Kontrolle“: so kann man es in Vorwahlzeiten hören. Wie ernst das jeweils gemeint ist, bleibe dahingestellt – berechtigt ist das Anliegen auf jeden Fall. Dass es ein uraltes Problem ist, zeigt das Beispiel Davids. Zur Vorgeschichte der heutigen Lesung kurz folgendes: dieser alttestamentliche König lässt im Norden des Landes Krieg führen, während er selbst in Jerusalem verbleibt.

Vom Dach seines Palastes aus beobachtet David die Frau des Hetiters Urija beim Baden. Er lässt sie zu sich bringen, und Batseba wird schwanger. Um dies zu vertuschen, lässt David den Urija von der Front zurückholen in der Hoffnung, dieser würde bei seiner Frau übernachten. Dann hätte man unterstellen können, der Hetiter wäre der Vater des Kindes. Urija tut aber nicht, wie zu erwarten gewesen wäre.

Da zieht David gleichsam die Notbremse: er sorgt dafür, dass dieser Mann so im Kampf eingesetzt wird, dass er umkommen muss. Scheinbar ist damit die Sache erledigt. Doch da tritt Nathan auf, wie wir in der Lesung gehört haben. Der Prophet wirkt gleichsam als Stimme Gottes, als göttliche Kontrollinstanz: er hält dem König im Namen Gottes eine strenge Strafpredigt.

Das hätte niemand anderer tun können – wer hat auch schon vom Vergehen Davids gewusst? Aber der König anerkennt, dass es eine höhere Macht gibt, die durch Nathan spricht. Wenn alle menschlichen Kontrollinstanzen versagen, so gibt es immer noch das abschließende Gericht Gottes. Das Beispiel des alttestamentlichen Königs zeigt damit aber nicht nur, dass Macht Kontrolle braucht; sondern dass sogar gilt: „Wer Macht hat, ist eine Gefahr für andere!“

Es gilt aber Gott sei Dank ebenso: „Wer Macht hat, kann zum Segen für andere werden.“ David sieht sein Vergehen ein und bereut. In der vorbehaltlosen Anerkennung seiner Schuld besteht seine menschliche Größe. Es wird ihm seine Sünde vergeben, auch wenn er dennoch büßen muss. Das bleibt ihm nicht erspart! Aber seine Einsicht gereicht nicht nur ihm, sondern letztlich dem ganzen Volk zum Segen.

Das Erbarmen Gottes ist eben immer noch größer als alle menschliche Schuld. Das zeigt Jesus im heutigen Evangelium einem Pharisäer, der meint, über andere urteilen zu können. Was die Begegnung Jesu mit jenem Mann ausgelöst hat, vermögen wir nicht zu beurteilen. Haben die Worte des Herrn ein Umdenken bewirkt? Das bleibt offen. Von der stadtbekannten Sünderin wissen wir aus dem Munde Jesu, dass sie einen Gesinnungswandel vollzogen hat.

Dem Pharisäer war alles selbstverständlich. Die Frau allerdings hat um ihre Schwäche gewusst; sie war dankbar für das, was der Erlöser ihr getan hat. Zu Recht gilt daher ihr und nicht dem Pharisäer der Friedensgruß am Ende des heutigen Evangeliums. So ist auch von uns niemand fehlerfrei. Aber ob wir im Gericht Gottes bestehen können, hängt ganz wesentlich von unserer lauteren Gesinnung sowie der Bereitschaft zu Buße und Vergebung ab!

12. SONNTAG/JAHRESKREIS (Lk 9,18-24)

Wer bin ich? Das ist nicht eine Frage wie andere auch. Wer bin ich? Diese Frage Jesu steht hinter dem heutigen Evangelium, da geht es um Sein oder Nichtsein! Denn sie provoziert eine weitere Frage, die sich ebenfalls – wenn auch unausgesprochen – an die Jünger richtet, und zwar: Wer seid dann ihr? Sowie weiters - auf uns angewendet: wer sind wir? Wie man diese Fragen beantwortet, hat weitreichende Folgen.

Was also wäre gewesen, wenn Jesus der von den Toten erstandene Elija gewesen wäre? Jüdische Kreise haben doch dessen Wiederkunft erwartet. Dieser Prophet hat den Kampf für den Eingottglauben auf seine Fahnen geheftet, mittels eines Gottesurteils hat Elija erwirkt, dass heidnische Baalspriester niedergemetzelt wurden (1 Kön 18). Doch damit hat er niemanden bekehrt. Er selbst erfährt Gott erst nach seiner Flucht, und zwar in der Stille am Berg Horeb; und er erkennt, dass Jahwe kein Gott der Gewalt und der Vernichtung ist.

Ähnlich wie Elija hat sich Jesus in die Abgeschiedenheit zurückgezogen, um in der Stille zum Vater zu beten. Dort legt er seinen Jüngern dar, dass er kein Mann der Gewalt sei, sondern werde leiden müssen. Vergleichbares werde künftig für jene gelten, die ihm nachfolgen wollten. Zwangsbekehrungen im Namen Gottes dürfte es eigentlich nicht geben. Das Christentum hat sich daher anfänglich und durch Jahrhunderte friedlich ausgebreitet.

Aber hätte Jesus nicht vielleicht Johannes der Täufer sein können? Dieser Vorläufer des Herrn war erst kurz zuvor enthauptet worden. Manche konnten sich damit nicht abfinden, sie haben in Jesus den Geist des Täufers oder eines anderen Propheten vermutet. Nun war dieser Johannes gewiss ein wortmächtiger Rufer in der Wüste; er hat denen das Gewissen geschärft, die zu ihm an den Jordan gekommen sind. Er hat eine Taufe der Bekehrung gespendet und seine Jünger an Jesus verwiesen.

In Jesus hat dann die Ankündigung des Vorläufers seine Erfüllung gefunden. Der Herr hat also nicht eine Neuauflage dessen gebracht, was Johannes am Jordan gepredigt und getan hat. Die Jünger haben deswegen nicht wie der Täufer verkündet: „Das Himmelreich ist nahe" (Mt 3,2); sondern sie waren überzeugt, dass mit Jesus dieses Reich da ist (Lk 4,18 ff). Daher das Zeugnis des Apostels Petrus: „Du bist der Messias Gottes!" Daraus leitet sich unsere christliche Überzeugung ab: einen weiteren Messias werde es nicht geben.

Was ergibt sich daraus für uns? Wer sind wir? Wir sind Christen, wir leben in der Nachfolge Jesu; wir versuchen also, seinem Beispiel und seiner Lehre zu folgen. Er ist für uns das fleischgewordene Wort Gottes. Zwar hat die Bußpredigt des Täufers Johannes nach wie vor ihre Berechtigung, aber vorrangig ist für uns die Frohbotschaft, die Jesus in diese Welt gebracht hat. Und schließlich: man darf als Christ schon seinen Standpunkt vertreten, aber nicht mit der Gewalttätigkeit des Propheten Elija.

13. SONNTAG/JAHRESKREIS (1 Kön 19,16.19-21; Lk 9,51-62)

Haben auch sie schon die witzige Frage gehört: Woran erkennt man einen Diplomaten? Die Antwort: Wenn ein Diplomat „ja" sagt, heißt das „vielleicht"; sagt er „vielleicht", heißt das „nein". Und wenn er „nein" sagt – dann ist er kein Diplomat! Ob das wirklich so stimmt oder nicht, bleibe dahingestellt. Aber überlegen wir einmal weiter: woran erkennt man einen Christen? Vor allem: woran erkennt man jene, die auf besondere Weise Jesus nachfolgen wollen?

Könnte es sein, dass sich Jesus mit einem „Ja" begnügt, das aber doch nur ein „Vielleicht" meint? Würde das nicht im Hinblick auf das heutige Evangelium bedeuten, dass man zwar dem Rufe Jesu in seine Nachfolge zustimmt, dann aber wieder die Zusage – zumindest teilweise – zurücknimmt? Wie ernst es der Herr meint, zeigt seine Antwort am Ende des heutigen Evangeliums: „Keiner, der die Hand an den Pflug legt und nochmals zurückblickt, taugt für das Reich Gottes.“

Nun könnte man einwenden: ganz so streng wird das wohl nicht gemeint sein – schließlich hat ja auch der Prophet Elija dem Elischa zugestanden, von seinem Elternhaus Abschied zu nehmen. So haben wir es in der Lesung gehört. Und dennoch: man darf nicht Lesung und Evangelium gegeneinander ausspielen! Elischa begreift sofort, worum es geht. Er nimmt zwar auf typisch orientalische Weise Abschied, aber dieser Abschied von seiner Familie und von seinem väterlichen Besitz ist radikal; vorbehaltlos stellt er sich in den Dienst des Propheten Elija.

Solche Nachfolge ohne Vorbehalte und ohne Rückzugsmöglichkeiten erwartet Jesus auch von denen, die sich Christen nennen; im Besonderen natürlich von denen, die sich ausdrücklich in den Dienst der Kirche stellen. Ehrlichkeit ist da ganz wichtig, ein diplomatisches Herumjonglieren zwischen „ja“ und „vielleicht“ verfehlt den Ernst des Anspruchs Jesu. Das meint bestimmt nicht, dass man die gängigen Formen der Höflichkeit beiseite schieben dürfe!

Das zeigt das beispielhafte Verhalten des Elischa. Ebenso müssen wir alle von etwas leben. Doch wovon machen wir unser Lebensglück abhängig? Das ist die Frage. Feierliche Versprechen in der Öffentlichkeit sind noch nicht alles. Was in den Augen Jesu zählt, ist die Bereitschaft, sich von dem zu trennen, was einer vorbehaltlosen Nachfolge im Wege steht.

Dafür haben wir die Zusicherung des Herrn, dass sogar Verlust und Enttäuschung für die Jüngerinnen und Jünger des Herrn einen positiven Stellenwert bekommen. Schließlich macht das heutige Evangelium noch darauf aufmerksam, dass wir uns einst in unserem Tode von allem lösen müssen, was vergänglich ist: und zwar radikal, ohne diplomatisches Wenn und Aber!

14. SONNTAG/JAHRESKREIS (Jes 66,10-14; Lk 10,1-9)

Vor einiger Zeit ist eine eher private Bibelübersetzung herausgekommen; deren Absicht war, die heiligen Texte in einer zeitgemäßen, „geschlechtergerechten“ Sprache darzustellen. Unter anderem wollte man vermitteln, dass Gott nicht einfach nur als Mann gedacht werden dürfe; es müsste auch die weibliche Seite Gottes mitgesehen werden.

Demnach hätte man nicht mehr „Vater unser“ zu beten gehabt, sondern „Unser Vater und unsere Mutter“. Mit gutem Grund haben die Bischöfe diesen Versuch als überzogen abgelehnt. Unbestritten bleibt jedoch, dass nach unserem christlichen Verständnis Gott zugleich auch mütterliche Eigenschaften zuzuschreiben sind. Denn was kündigt der Prophet Jesaja in der heutigen Lesung an?

„Wie Kinder wird man euch auf Armen tragen, auf den Knien wird man euch schaukeln. Wie eine Mutter tröstet, so tröste ich euch.“ Sicher galt diese Zusage seinerzeit jenen, die nach der Rückkehr aus dem babylonischen Exil die Stadt Jerusalem wieder aufbauen mussten. Unabhängig davon wusste sich aber der gläubige Jude von Gott ähnlich wie von einer Mutter getragen, auch wenn man sich Gott doch grundsätzlich als Mann vorgestellt hat.

Der alttestamentliche Beter konnte daher vertrauensvoll mit dem Psalmisten sprechen: „Ich ließ meine Seele ruhig werden und still; wie ein kleines Kind bei der Mutter ist meine Seele still in mir“ (Ps 131,2). Diese Denkweise hat sich auch Jesus zu eigen gemacht. Nach seinem triumphalen Einzug in Jerusalem wendet sich der Erlöser mit scharfen Worten gegen die Schriftgelehrten und Pharisäer.

Und er bekundet seinen Schmerz über die Hartherzigkeit vieler seiner Zuhörer: „Jerusalem…wie oft wollte ich deine Kinder um mich sammeln, so wie eine Henne ihre Küken unter ihre Flügel nimmt; aber ihr habt nicht gewollt“ (Mt 23,37). Mit Gott kann man also nicht spaßen. Aber wenn man die Offenbarung annimmt, darf man darauf vertrauen, dass man von Gott verständnisvoll angenommen wird.

Ein gutes Beispiel für das Gemeinte zeigt der Vater im Gleichnis vom verlorenen Sohn. Von diesem Mann heißt es: er sah seinen Sohn schon von weitem kommen, hatte Mitleid mit ihm und lief ihm entgegen (Lk 15,20). Von der Mutter ist an dieser Stelle zwar nicht die Rede, und doch weist dieser Vater zugleich mütterliche Züge auf. Dieser Vater steht aber für Gott!

In diesem Sinne konnte Paulus von Gott als dem „Vater des Erbarmens“ und dem „Gott allen Trostes“ sprechen (2 Kor 1,3). Wenn wir also das Vaterunser beten, dann wenden wir uns nicht nur an einen starken, männlichen Gott, sondern an einen, der zugleich auch verständnisvoll wie eine gute Mutter ist.

15. SONNTAG/JAHRESKREIS (Dtn 30,10-14; Lk 10,25-37)

Vier Männer gehen denselben Weg, aber sie gehen ihn auf unterschiedliche Weise. Als Erster marschiert ein Reisender von Jerusalem hinunter nach Jericho, wie Jesus im heutigen Evangelium erzählt. Vielleicht hat dieser Mann einen wohlhabenden Eindruck erweckt, sodass Räuber spekuliert haben: bei dem zahlt es sich aus, schlagen wir zu! So kann dieser Reisende seinen Weg nicht wie geplant fortsetzen.

Als Nächster geht ein Priester diesen Weg hinunter nach Jericho. Er hat seinen Dienst im Tempel von Jerusalem erfüllt. Vermutlich war er belesen und hat das Gesetz des Mose gekannt. Ob er aber auch verstanden hat, was der Prophet Hosea (6,6) im Namen Gottes fordert? Nämlich: „Liebe will ich, nicht Schlachtopfer!“

Oder wie Jesus im Zusammenhang mit der Berufung des Matthäus den Propheten zitiert: „Barmherzigkeit will ich, nicht Opfer“ (Mt 9,13; vgl.: 12,7). Dieser Priester jedenfalls geht seinen Weg wie geplant und erreicht vermutlich sein Ziel – ob er aber auch vom religiösen Standpunkt aus auf dem rechten Weg geblieben ist? Ganz ähnlich könnte man über jenen Leviten urteilen, der als der Nächste diesen Weg gewandert ist.

Auch er, unbeeindruckt von der Not dessen, der unter die Räuber gefallen ist, hat seinen Weg fortgesetzt. Ob nicht ihm und ebenso dem Priester die Mahnung des Mose gilt, wie wir in der Lesung gehört haben: „Du sollst auf die Stimme des Herrn, deines Gottes hören! Du sollst...zum Herrn, deinem Gott, zurückkehren“? Was müsste dieses Hören und Zurückkehren auslösen? Beobachten wir weiter!

Schließlich wandert als Vierter ein Samariter diesen einsamen Weg ins Tal. Für die frommen Juden waren die Samariter halbe Heiden. Das Gesetz des Mose hat dieser Mann wohl kaum gekannt; aber er folgt der Regung seines Herzens. Zwar verlässt er den vorgegebenen Weg um zu helfen. Doch gerade damit bleibt er auf dem Weg Gottes. Ist nicht er es, der auf die Stimme des Herrn hört?

Das war umso mutiger, als es ja keineswegs eine ausgemachte Sache war, dass die Räuber nicht doch zurückkommen und auch noch über diesen Helfer herfallen könnten. Der Samariter kann dem erstgenannten Mann zwar nicht dessen Hab und Gut ersetzen, aber er hilft ihm auf die Füße, sodass dieser Geschundene später wieder seinen Weg fortsetzen kann.

Genau das sollte die Wirkung des Gottesdienstes sein, so lehrt Jesus: dass man am Unglück anderer Anteil nimmt und hilft. Dann darf man schon wieder seiner eigenen Lebensplanung folgen. Aber allein mit dem Gottesdienst ohne praktizierte Nächstenliebe wird man das ewige Leben nicht gewinnen!

16. SONNTAG/JAHRESKREIS (Gen 18,1-10; Lk 10,38-42)

Wer könnte Martha nicht verstehen? Da rennt sie, wie es Hausfrauen bei Besuchen schon so gehen kann. Dennoch wird sie dann auch noch kritisiert: was sie nämlich tue, wäre gar nicht so notwendig! Aber es gibt in einem Haushalt eben dauernd etwas zu tun, wie der Volksmund es ausdrückt: „Hausarbeit ist wie die Ewigkeit – sie endet nie." Dafür aber sollte Jesus kein Verständnis gehabt haben? Sehen wir uns das heutige Evangelium etwas genauer an!

Da führen die beiden Schwestern Martha und Maria einen gemeinsamen Haushalt, von ihrem Bruder Lazarus ist bei Lukas nicht die Rede. Martha ist es, die Jesus in das Haus einlädt und die ihn bewirtet. Welcher Gegensatz zur alttestamentlichen Lesung! Da lädt Abraham drei Fremde ein, die an seinem Zelt vorbeikommen. Er ist der Hausherr, der bewirtet und mit den Gästen redet; andere arbeiten im Hintergrund, haben aber nichts mitzureden.

Das war zwar zur Zeit der Patriarchen so und das war später so – leider teilweise auch in der Kirche! Doch solche patriarchalischen Verhältnisse sind offenbar nicht im Sinne Jesu: dass also die einen werken, während andere feiern. Bewirtung muss sein, ja! Aber vor allem will Jesus gehört werden, und zwar auch von Frauen. Das war für die damaligen Zeiten fast schon revolutionär, wo eigentlich nur Männer würdig waren, über das Gesetz belehrt zu werden und in der Synagoge aus den heiligen Schriften vorzulesen.

Die Männer also waren die Träger der religiösen Tradition. Und außerhalb des Judentums? Da gab es vielfach Zweiklassen-Gesellschaften: die Unterschicht musste die Handarbeit leisten, wohingegen sich die Oberschicht der geistigen Beschäftigung hingab. Aber nein, der Herr will von allen gehört werden, er will daher auch von Martha gehört werden! Will das nicht eigentlich auch Martha, nämlich Jesus hören? Klagt sie doch, Maria überlasse ihr allein das Dienen! Und Jesus antwortet: du sorgst dich um vielerlei, doch nur eines ist notwendig.

Gemeint ist mit „notwendig": das Wort Jesu zu hören. Alles andere ist demgegenüber relativ! Diesbezüglich also hat Maria den guten Teil erwählt. Aber das ist nicht das Bessere, wie es früher in Übersetzungen geheißen und wie man das interpretiert hat. Das würde nämlich wiederum bedeuten, dass handwerkliche Tätigkeiten, die Hausfrauenarbeit usw. das weniger Gute oder gar Schlechtere wären im Verhältnis zur geistigen Tätigkeit. Ich bin da sowieso kritisch: denn es ist zwar meine Aufgabe zu lesen; und ich tue das gerne.

Aber ich will nicht vergessen, dass ich einmal Mönch war, Trappist nämlich: damals sollten Patres wie Brüder lesen; und bei der Feldarbeit ist der Abt vorausgegangen! Jesus jedenfalls will keine patriarchalischen Verhältnisse: es sollten daher nicht nur Männer oder eine gebildete Oberschicht Träger des Glaubenswissen sein. Nein, alle sollten zusammenarbeiten und in gleicher Weise das Wort Gottes hören: das ist im Sinne Jesu das Wichtige!

17. SONNTAG/JAHRESKREIS (Lk 11,1-13)

Gewisse Dinge können einem so zur Gewohnheit werden, dass man sie ganz automatisch verrichtet, ohne viel nachzudenken. Das kann ebenso beim Beten sein: der Mund formuliert Worte, während man mit den Gedanken meilenweit weg ist. Dann fällt einem natürlich Entscheidendes gar nicht auf. Wie ist das zum Beispiel beim Vaterunser? Wir haben heute im Evangelium die kürzere Fassung nach Lukas gehört.

Da findet sich gegen Ende die Bitte an Gott-Vater: „Und führe uns nicht in Versuchung!" Es lohnt sich, einmal innezuhalten und zu überlegen: was ist denn das für ein Gott, den man gar bitten muss, dass er seine Gläubigen nicht in die Falle tappen lässt? Schlimmer noch: dass er sie nicht aktiv ins Verderben führt? Dieser Frage müssen wir uns stellen! Sollte also wirklich der liebende

Gott mit dem Teufel vergleichbar sein? Doch so kann das nicht gemeint sein – wie aber dann?

Denn schwer zu verstehen ist diese Vaterunser-Bitte schon. Sie lässt sich jedoch besser begreifen, wenn man sich das biblische Weltbild vergegenwärtigt. Aus alttestamentlicher Sicht war Gott Ursache für alles, selbst die Mächte des Bösen konnten nichts ohne ihn tun. Jesus stellt demgegenüber klar, dass Gott wohl der Herr aller Dinge ist; aber er will dem Menschen nichts Böses antun. Vielmehr hat er als Folge der Menschwerdung ein sehr menschliches Verständnis für die Versuchbarkeit der Erdenbewohner.

Denn Jesus wurde, wie etwa Lukas berichtet, nach seiner Taufe im Jordan vom Geist in die Wüste geführt; dort wurde er vom Teufel, dem Diabolos, dem Durcheinanderbringer, versucht. Aber der Satan kam mit keiner der drei Versuchungen ans Ziel, nämlich den Herrn zu Fall zu bringen (Lk 4,13). Deswegen schreibt Jakobus in seinem Brief: „Keiner, der versucht wird, soll sagen: ich werde von Gott versucht. Denn Gott kann nicht dazu versucht werden, Böses zu tun; und er selbst versucht niemanden“ (Jak 1,13).

Gott ist also nicht der Verführer des Menschen. Wie können wir dann zu einem besseren Verständnis der Vaterunser-Bitte kommen? Vielleicht im Hinblick auf die neue französische Übersetzung, der auch unser Papst Franziskus zuneigt. Ins Deutsche übertragen: „Lasse uns nicht in Versuchung geraten!“ Diese Übersetzung hört sich anders an, auch wenn sie sich mit dem griechischen Urtext nicht gut vereinbaren lässt.

Aber sie lässt sich gut mit der Bitte Jesu während des letzten Abendmahles vereinbaren, der Vater möge die Jünger Jesu vor dem Bösen bewahren (Joh 17,15): da ist dann nicht Gott der, der in die Irre führt; sondern im Gegenteil, Gott ist der Bewahrer der Menschen. Sollte auch weiterhin der gewohnte deutsche Text bleiben – wir können dennoch zumindest innerlich und mit tieferem Verständnis beten: „ Gott, unser Vater, lasse uns nicht in Versuchung geraten!“

18. SONNTAG/JAHRESKREIS (Koh 1,2.2,21-23; Lk 12,13-21)

„Spare in der Zeit, dann hast du in der Not!“: ein wahres Wort, da steht viel Lebenserfahrung dahinter! Denn über Armut kann nur der leicht reden, der nicht selbst rechnen muss. Wenn man aber nichts erspart hat, kann man möglicherweise selbst zum Sozialfall werden. Man kann den alten Eltern nicht helfen und nicht den Kindern den Start ins Leben erleichtern. Nur wer hat, kann geben und soziale Projekte unterstützen. Das gilt in ähnlicher Weise auch für die Kirche.

Denn eine arme Kirche kann den Armen nicht helfen. Eine solche Kirche kann keine Schulen und Spitäler erhalten – wodurch sie dem Staat viel Geld erspart. Zudem war und ist die katholische Kirche ein wesentlicher Kulturträger, wo immer sie frei wirken kann. Und wenn kirchliche Stellen von der öffentlichen Hand Subventionen erhalten, dann darf man davon ausgehen, dass die Kirche ein Mehrfaches davon an Abgaben etc. wieder zurückzahlt.

Sinngemäß gilt das ebenso für unsere Pfarren. Ohne Geld geht halt nichts. Es bleibt dabei: „Spare in der Zeit, dann hast du in der Not!“ Jedoch hat dieses Sprichwort auch seine Grenzen. Was ist denn so verwerflich am Verhalten des reichen Kornbauern im Gleichnis Jesu? Das Selbstgespräch dieses Mannes, sein innerer Monolog, verrät ihn. Schon dass er nur mit sich selbst spricht, ist verräterisch: er redet weder mit Gott noch mit seinen Mitmenschen.

Er übersieht offenbar sogar, dass nicht nur seine eigene Tüchtigkeit, sondern ebenso günstige Witterungsverhältnisse zur überreichen Ernte beigetragen haben. Schwerwiegender noch: er vergisst, dass ihm bei der Feldarbeit und besonders auch bei der Ernte Arbeiter geholfen haben. Der Mann ist also undankbar – er ist ein Egoist, er ist ein Atheist! Er denkt nur an seinen Besitzstand und wie er noch reicher werden und das Leben noch mehr genießen könnte.

Scheinbar denkt dieser Kornbauer an die Zukunft, doch in Wirklichkeit verfehlt er gerade mit seiner Geisteshaltung eine glückliche Zukunft. Denn dieser Mensch ohne Gott wird plötzlich mit der Stimme Gottes konfrontiert. In seiner Todesstunde muss der reiche Mann erkennen, wie arm er eigentlich ist! Wie es die Lesung ausdrückt: was der Mensch nur für sich als Besitz erworben hat, wird in der Todesstunde zum Windhauch.

Eigentlich hat man gar nichts von all dem, was man egoistisch zusammengespart hat – weder in diesem Leben, noch im jenseitigen. Nein, im jenseitigen Leben hat man schon gar nichts davon! Das Urteil Jesu über solches Verhalten lautet: wer habgierig „nur für sich selbst Schätze sammelt“, verfehlt den Sinn des Lebens. Die Menschen werden einen solchen nicht geliebt haben, und vor Gott ist er auch nicht reich geworden.

19. SONNTAG/JAHRESKREIS (Lk 12,35-40)

Vor Jahrzehnten hat niemand das Wort „Stress“ gekannt – nein, wirklich nicht! Wer es nicht glaubt, schlage in alten Lexika nach. Heutzutage sagen schon Schulkinder von sich: „Ich habe Stress!“ Was damit gemeint ist, scheint offenbar allgemein bekannt zu sein: es ist nämlich dieser ständige Druck im Beruf, im privaten Leben, in der Freizeit – ein Druck, dem man sich nicht entziehen kann und der einen auslaugt. Und dann kommt man in die Kirche, hört das heutige Sonntags-Evangelium, und fragt sich betroffen: will diese Schriftstelle ebenfalls Stress erzeugen?

Da ist doch die Rede davon, dass man die Lampen brennen lassen solle, man habe stets wachsam zu sein und dürfe sich anscheinend keinen Schlaf gönnen – stets vorbereitet auf das Kommen des Herrn! Das hört sich ja fast so an, wie es in manchen Firmen der Fall sein soll. Da bekommen die Mitarbeiter zum Beispiel ein Diensthandy zur Verfügung gestellt; das dürfen sie zwar auch privat gebrauchen, allerdings müssen sie dafür jederzeit für die Firma erreichbar sein. Abschalten gibt es da nicht, nur ständige Bereitschaft.

Ob Jesus derartiges mit seinem Gleichnis gemeint hat? Manche Heilige haben das so ähnlich verstanden – doch nein, solchen Stress kann Jesus nicht beabsichtigt haben! Schlafen und ausspannen muss man; jedoch sollte man ebenso vorsorgen, dass in das Haus nicht eingebrochen wird. Das empfiehlt das heutige Evangelium so nebenbei, damit man nicht schlafend etwa in der eigenen Wohnung von Einschleichdieben überrascht wird.

Der Christ sollte vielmehr umsichtig sein und darüber hinaus an das Ende denken. So heißt es im alttestamentlichen Buch der Sprichwörter: „Der Kluge achtet auf seine Schritte“ (14,15), er bewegt sich also nicht wie ein Schlafwandler durch die Welt. Und der erste Petrusbrief (5,8) rät: „Seid nüchtern und wachsam!“ Man sollte sich also einen klaren Kopf bewahren und auf das Kommen des Herrn vorbereitet sein. Das allerdings kann einem niemand abnehmen!

Vor allem darf man nicht übersehen, dass im heutigen Evangelium eigentlich nicht der Herr im Mittelpunkt steht. Vielmehr geht es um den Menschen, der soll sich dem Herrn öffnen, wie sich eine Türe öffnet. Als Folge solcher Gottesbegegnung dient der Herr dann gleichsam den Menschen. Es heißt ja, jene, die wach seien, werde der Herr Platz nehmen lassen und er werde sie bedienen. Das Ziel all dessen ist also nicht Stress, sondern eine gemeinsame Feier – mit Gott und miteinander. Da geht es jedoch nicht nur um die letzte Stunde unseres Lebens!

Wir dürfen nämlich das heutige Evangelium auch auf unsere Eucharistiefeier anwenden. Da verspricht doch Jesus, er werde als der Hausherr die Seinen am Tisch des Lebens Platz nehmen lassen: das ereignet sich hier und jetzt, wenn wir offenen Herzens das Wort Gottes hören und die Kommunion empfangen. Und diese geistige Wachheit sollten wir in den Alltag mitnehmen. Dann sind wir auch besser gerüstet für das, was etwa kommen mag!

AUFNAHME MARIENS IN DEN HIMMEL (Lk 1,39-56)

„Mariä Himmelfahrt“: so heißt unser heutiges Fest im Volksmund. Liturgisch richtiger lautet der Titel allerdings: „Aufnahme Mariens in den Himmel“. Damit soll der Unterschied zum Fest „Christi Himmelfahrt“ aufgezeigt werden. Wie unser Erlöser in den Himmel erhoben wurde, schildert etwa die Apg sehr anschaulich (1,9). Doch wie war das bei Maria? Wann war das, wo war das? Auf diese Fragen können wir der heiligen Schrift keine direkten Antworten entnehmen. Die Beschäftigung mit derlei Fragen war für die ersten Christen offenbar kein drängendes Anliegen.

Das letzte Lebenszeichen der Gottesmutter findet sich am Anfang der Apostelgeschichte. Da wird nämlich berichtet, Maria sei zusammen mit den Aposteln und einem erweiterten Jüngerkreis im Abendmahlsaal versammelt gewesen. Dort verharrten sie einmütig im Gebet (1,13 f). Wir dürfen annehmen, dass Maria noch beim Pfingstereignis, also bei der erfahrbaren Herabkunft des Heiligen Geistes, dabei war (2,1 ff). Über das weitere Leben Mariens erfahren wir jedoch nichts!

Da lohnt es sich, gleichsam zurückzugehen zu jenem Zeitpunkt, an dem Maria das erste Mal ans Licht der Öffentlichkeit getreten ist. Gemeint ist jener bedeutungsvolle Moment, an dem der Engel Gabriel bei Maria eintrat und die Botschaft überbrachte: „Freue dich, sei gegrüßt! Du wurdest begnadet! Der Herr ist mit dir!“ (So wörtlich: Lk 1,28). Diese Anrede verstehen wir als eine zentrale Aussage, die vieles im Leben Mariens erklärt. So sind wir Katholiken überzeugt, dass Gott mit seiner Gnade schon mit Maria war, als sie empfangen wurde.

Das feiern wir am „Hochfest der ohne Erbsünde empfangenen Jungfrau und Gottesmutter Maria“ (8. Dezember). Diese besondere Nähe des Herrn durfte Maria dann Zeit ihres Lebens insofern bewahren, als sie frei von persönlichen Sünden blieb. Damit können wir den Bogen spannen vom Beginn ihres irdischen Lebens bis zum Ende. Die einzigartige Gottesnähe Mariens wird sich dann ebenfalls in ihrer Sterbestunde ausgewirkt haben. Weil sie von der durch die Sünde bedingten inneren Gespaltenheit bewahrt blieb, konnte sie unmittelbar als ganzer Mensch, mit Leib und Seele, in die ewige Heimat eingehen.

Deswegen feiern wir heute eigens diese direkte Aufnahme Mariens in den Himmel. Wir tun dies einerseits mit Bescheidenheit, weil wir vor einem Glaubensgeheimnis stehen. Wir tun es andererseits aber auch mit Zuversicht, weil wir glauben, dass an Maria geschehen ist, was auch uns kraft der Erlösung zugesagt ist. Das ist nämlich der Glaube der Kirche, dass ihre Aufnahme in den Himmel die Vorwegnahme der Auferstehung der anderen Christen ist (KKK 966). Dies wird besser verständlich, wenn wir eine Anrufung aus der Lauretanischen Litanei heranziehen (GL 566).

Darin wird Maria „Morgenstern“ genannt. Der Morgenstern ist jenes Gestirn, welches vor dem Sonnenaufgang am Himmel leuchtet. Es geht zwar der aufgehenden Sonne voraus; aber sein Licht empfängt es von der – noch verborgenen – Sonne. Dieser Stern war früher für Seefahrer wichtig. Ähnlich empfängt Maria ihre Strahlkraft von ihrem göttlichen Sohn, sie wird damit zugleich für uns zur Wegweiserin. Im Sinne des heutigen Tagesgebetes sollten wir stets auf dieses Zeichen schauen und damit auf dem Weg bleiben, der hinführt zur göttlichen Herrlichkeit.

20. SONNTAG/JAHRESKREIS (Hebr 12,1-4; Lk 12,49-53)

„Nicht Frieden, sondern Spaltung“: dieses Wort stammt aus dem Munde Jesu. Wer hätte solch harte Formulierung von unserem Erlöser erwartet? Können wir überhaupt dem zustimmen, was wir gehört haben? Können wir Gott dafür loben, dass Jesus gekommen ist, um Feuer auf die Erde zu werfen? Die Verkündigung des Evangeliums beantworten wir doch mit: „Lob sei dir Christus!“ Zum rechten Verständnis gilt es festzuhalten, dass man einzelne Worte des Herrn nicht aus dem Zusammenhang reißen darf.

Das ist doch eine gewisse Gefahr der sonntäglichen Gottesdienste, wo stets kurze Abschnitte aus der heiligen Schrift verlesen werden. In der Predigt kann man nur versuchen, einen größeren Zusammenhang herzustellen und den tieferen Sinn der Frohbotschaft zu erschließen. Daher als nächstes die Frage: welcher Art kann denn dieses Feuer sein, das Jesus auf die Erde werfen möchte?

Es hilft weiter, wenn wir bedenken, dass wir den Sohn Gottes als „Heiland“ bekennen; er hat seinerseits Gott als barmherzigen Vater bezeugt. Alle Evangelien stimmen darin überein, dass dieser Gott-Vater sich aus Liebe den Menschen in Jesus Christus mitgeteilt hat (Joh 3,16). Demnach wollte Jesus mit seinem Feuer nicht einen Höllenbrand auf Erden entfachen, sondern das Feuer der Liebe entzünden.

Für uns Christen handelt es sich um die Gabe des Heiligen Geistes, der zu Pfingsten in der Gestalt von Feuerflammen erfahrbar wurde (Apg 2,3). Wenn man für etwas „Feuer und Flamme“ ist, dann setzt man sich dafür ein. Man muss aber auch zur Kenntnis nehmen, dass das beste Bemühen nicht nur auf Zustimmung stößt. Und dann treten halt Unterschiedlichkeiten zutage.

Das meint Jesus wohl, wenn er von sich sagt, er sei gekommen, „nicht Frieden, sondern Spaltung“ zu bringen. Das ist nicht unbedingt als „Zwietracht“ zu verstehen, lässt aber auch keinen faulen Frieden zu. Durch das Auftreten Jesu erfolgt vielmehr eine grundsätzliche Trennung ähnlich wie zur Zeit der Ernte, wo nach einem Vergleich Jesu die Spreu vom Weizen getrennt wird (Mt 13,30).

Der Herr sagt also voraus, dass stets andersartige Lebensentwürfe neben seiner Botschaft bestehen werden: bis hinein in die Familien werde das Spannungen, ja gar Konflikte auslösen können. Das Feuer der Begeisterung für die Botschaft Jesu wird also nie alle Menschen erfassen; und es ist gut, dass der Herr von vorneherein darauf aufmerksam gemacht hat.

Zugleich dürfen wir aber auch voll Vertrauen auf den blicken, der nach den Worten der Lesung der „Urheber und Vollender des Glaubens“ ist. In der Friedlosigkeit dieser Welt schenke er uns die nötige Ausdauer für den Lebenskampf, dass wir einst in die verheißene ewige Freude eingehen dürfen!

21. SONNTAG/JAHRESKREIS (Hebr 12,5-7.11-13; Lk 13,22-30)

So also steht es im Hebräerbrief: „Verachte nicht die Zucht des Herrn…Denn wen der Herr liebt, den züchtigt er; er schlägt mit der Rute jeden Sohn, den er gern hat." Was soll man dazu sagen? Auf diese und ähnliche Stellen beziehen sich ja jene, die erklären: „Gott straft aus Liebe." Ebenso wurden früher die körperlichen Züchtigungen begründet. Wird das vom Hebräerbrief Gemeinte damit richtig verstanden?

Zunächst: die heilige Schrift ist Gotteswort in Menschenwort. Die jeweiligen kulturellen Zeitumstände sind daher in die Abfassung der einzelnen biblischen Bücher eingeflossen. Dazu gehört, dass es früher selbstverständlich war, dass geschlagen wurde. Um ein Beispiel zu nennen: zur Zeit Jesu und danach war in Ägypten das gesamte Ackerbaugebiet Staatsbesitz. Die Bauern waren daher tributpflichtig.

Diese Bauern mussten deswegen von ihrer Ernte einen Teil als Tribut an den Staat abliefern. Das hat natürlich kein Bauer gerne getan. Es hat vielmehr dazugehört, dass sich ein Bauer erst vom Steuereintreiber hat schlagen lassen, bevor er mit dem geforderten Pflichtteil herausgerückt ist. Das war so selbstverständlich, dass es in die alten Mönchsregeln Eingang gefunden hat. Wenn also ein Mönch sich etwas hat zuschulden kommen lassen, dann bekam er ganz einfach Schläge.

Viel hat sich seitdem geändert. Aber noch wie ich während des Untergymnasiums im Knabenseminar eines Ordens war, habe ich eine sehr „handfeste" Erziehung genossen – sofern man da von „genießen" sprechen kann. Und wie ich ein junger Trappist war, hat man sich jeden Freitag in der Früh selbst gegeißelt. Allerdings wurde die wöchentliche Geißelung noch während meiner Zeit als Mönch abgeschafft.

Diese Entwicklung habe ich mitvollzogen. Heute sage ich aus tiefster Überzeugung: durch Schläge und dergleichen ist noch niemand gescheiter oder frömmer geworden. Was früher selbstverständlich war, muss heute nicht mehr gut sein. Auch kirchlicherseits ist man inzwischen von dieser überholten Sicht abgerückt. Ist aber damit schon alles zur heutigen Lesung gesagt?

Ist da nicht im Hebräerbrief von der „Zucht des Herrn" die Rede? Doch auch diesbezüglich muss man feststellen: das ist eine Übersetzung, vom jeweiligen Zeitgeist beeinflusst. Was durch Jahrzehnte in Geltung war, muss deswegen heute nicht mehr gut sein! Im griechischen Originaltext, der ja maßgeblich ist, steht nämlich das Wort „paideia“: davon leitet sich unser Wort „Pädagogik“ ab. Das heißt: Erziehung, Bildung, Erziehungsmaßnahmen, dann erst Züchtigung.

Der Hebräerbrief zeigt also, dass Gott wie ein Pädagoge den Menschen zu seiner Reifung führt. Sicher muss man in der Erziehung auch Maßnahmen setzen. Aber es ist ein Unterschied, ob ich strafe; etwa gar noch um des Strafens willen. Oder ob ich beispielshalber ein Kind energisch zurückreiße, damit es nicht auf die glühende Herdplatte greift. Wenn wir die heutige Lesung so verstehen können, dann ist damit zwar noch nicht alles erklärt. Aber es ist ein Unterschied, ob wir uns von Gott gestraft und gezüchtigt fühlen; oder glauben, er führe uns wie ein Pädagoge zu größerer menschlicher Reife.

22. SONNTAG/JAHRESKREIS (Sir 3,17-20.28-29; Lk 14,1.7-14)

Man hört das Gleichnis Jesu vom Gastmahl und überlegt verblüfft: da kommt mir etwas bekannt vor – richtig, es geht um die angemessene Rangordnung, das Ranking, wie man gegenwärtig sagt. Und es wird zur Zeit wirklich fast schon zwanghaft alles Mögliche und Unmögliche gereiht! Wer bei olympischen Spielen die goldene Medaille errungen hat, ist besser als jener, der nur die silberne erkämpft hat.

Schüler, die in der PISA-Studie weiter oben stehen, sollen gescheiter sein als jene, die im Mittelfeld landen. Der Milliardär übertrumpft den Millionär; wer beim Militär zwei Sterne hat, darf den kommandieren, der nur einen Stern hat. Und der Erzbischof steht über dem gewöhnlichen Bischof, aber über beiden rangiert der Kardinal. Ständig ist eine Platzverteilung und damit Bewertung im Gange, natürlich dann auch bei Festessen.

Alles also bestens geordnet – wirklich? Wie man sich früher fraglos an den 10 Geboten orientiert hat, so orientiert man sich heutzutage ebenso fraglos an allen möglichen Ranglisten. Als ob wir nicht aus Erfahrung wüssten, wie fraglich derlei Anordnungen sein können! Strebertypen und Karrieremenschen kommen nach vorne, sind in der Regel jedoch nicht sehr beliebt. Ja, was die persönliche Sympathie betrifft, rangieren sie oft ganz unten.

Vor allem aber, was würde Jesus dazu sagen? Vor Wochen haben wir seine Beurteilung jenes reichen Mannes gehört, der für seine gute Ernte neue Scheunen bauen wollte, nämlich: der Wert eines Menschen bemisst sich eben nicht an der Größe seines Vermögens. Und ähnlich würde der Erlöser heute urteilen. Das heißt: der Wert eines Menschen bemisst sich vor Gott nicht nach dem Platz, den er in irgendeiner Tabelle einnimmt.

Gewiss, Ordnung muss sein, beruflichem Schlendrian wird damit nicht das Wort geredet! Man soll sich schon anstrengen, aber dabei nicht die Ellbogen einsetzen; oder lautstark auf sich aufmerksam machen, ohne auf andere zu hören. Und in allem berücksichtige man den Ratschlag des alttestamentlichen Weisen aus der heutigen Lesung: „Bei all deinem Tun bleibe bescheiden, dann wirst du von den Menschen geliebt werden…Je größer du bist, umso mehr bescheide dich, dann wirst du Gnade finden bei Gott."

Denn für Übermütige und Ellbogen-Menschen gibt es keine Heilung, die sind wohl auch nicht empfänglich für die Gnade. Auf solche bezieht sich das Wort aus dem Magnificat, dem Lobgesang Mariens: „Er stürzt die Mächtigen vom Thron und erhöht die Niedrigen" (Lk 1,52). Wenn menschliche Maßstäbe zweitrangig werden, aber wichtig ist, welchen Platz man vor Gott und in den Herzen der Menschen einnimmt, wird man sinngemäß beim himmlischen Gastmahl hören: „Mein Freund, rücke weiter hinauf!"

23. SONNTAG/JAHRESKREIS (Lk 14,25-33)

„Ganz schön fordernd!", werden manche denken: wenn man nämlich überlegt, was Jesus an Bedingungen für seine Nachfolge nennt. Erklärt er doch, dass niemand sein Jünger sein könne, wenn er nicht die familiären Bindungen gering achte; wenn er nicht sein Kreuz auf sich nehme, ja wenn er nicht auf seinen ganzen Besitz verzichte. „Unmöglich, weltfremd!", so möchte man ausrufen. Wie könnte das der Herr aber dann gemeint haben? Da bietet der einleitende Satz unserer sonntäglichen Frohbotschaft einen ersten Hinweis.

Der Evangelist berichtet nämlich, dass sich der Herr an „die vielen Menschen" gewendet habe, die ihn begleiteten. Das werden ganz gewöhnliche Leute gewesen sein, so wie wir auch. Und insofern kann es im heutigen Evangelium nicht um maximale Forderungen gehen, die kein normaler Mensch erfüllen kann. Daraus dürfen wir schließen, dass die Worte Jesu ebenso uns angehen. Allerdings müssen wir einschränken: der Herr wird deswegen so deutlich gesprochen haben, weil in der großen Menge genug Mitläufer gewesen sein dürften.

Denen will Jesus klarmachen: nur halbherzig mitzutun, „wenn es leicht geht", genügt nicht. Was aber ist dann gefordert? Da können wir dem Schlusssatz des heutigen Evangeliums einen weiteren Hinweis entnehmen. Es geht um die grundsätzliche Frage: was hindert mich, vorbehaltlos Jesus zu folgen? Sicher will der Erlöser nicht, dass man das Familienleben vernachlässigt; dass man seiner Gesundheit und damit seinem Leben schadet; dass man schließlich seinen ganzen Besitz hergibt und dadurch zum Bettler wird.

Es geht also nicht um Spitzenleistungen, die bei einer Olympiade mit Medaillen belohnt würden. Schon gar nicht geht es daher an, in der Spur Jesu egoistische Ziele zu verfolgen! Wie es etwa von den Aposteln berichtet wird. Die haben gestritten, wer von ihnen der Größte sei (Lk 9,46 f); und einige haben sich im Reiche Jesu eine politische Karriere an der Seite ihres Meisters erhofft (Mk 10,35-44). Doch solche Träumereien entzaubert der Herr in ernüchternder Weise.

Vielmehr geht es um die Bereitschaft, sich von allem zu distanzieren, was einen persönlich hindern könnte, gemäß der Frohbotschaft zu leben. Auch die Apostel müssen sich also der Frage stellen, was ihnen wirklich wichtig ist, wenn sie nicht nur Mitläufer sein wollen. Das alles gilt ebenso für unsere gegenwärtigen Verhältnisse: die Zeiten sind vorbei, wo es üblich oder gar von Vorteil war, katholisch zu sein.

Die beiden Gleichnisse des heutigen Evangeliums zeigen, dass man sich überlegen muss, was einem der Glaube wert ist. Da sollte man klug sein wie einer, der ein Haus bauen will; und vorsichtig wie einer, der in den Krieg zieht. Wer sich aber für den Glauben entschieden hat, der muss zwar mit Belastungen und Verzichten rechnen, aber er ist auf einem guten Weg, er sollte entschlossen voranschreiten. Denn er ist wirklich ein Jünger Jesu und wird schließlich sein ewiges Ziel erreichen.

24. SONNTAG/JAHRESKREIS (Lk 15,11-32)

Lukas bringt hintereinander drei Gleichnisse, in denen es jeweils um das Verlieren und Wiederfinden geht. Gemeint ist das Gleichnis vom verlorenen Schaf, von der verlorenen Drachme sowie vom verlorenen Sohn. Alle drei Gleichnisse zusammen wären für das Sonntagsevangelium zu lange; daher übergehe ich die beiden ersteren und konzentriere mich auf das Gleichnis vom verlorenen Sohn.

Warum? In dieser Beispielserzählung kommt dem Vater der beiden ungleichen Söhne eine tragende Rolle zu; doch meistens ist nur am Rande von ihm die Rede. Sollte das symbolisch für die vaterlose Gesellschaft sein? Ja wir können weiterfragen: sollte es vielleicht überhaupt in der katholischen Frömmigkeit so sein, dass die Person des Vaters weitgehend in den Hintergrund getreten ist?

Dagegen könnte man Einiges einwenden: steht nicht Gott-Vater stets an erster Stelle? So bezeugen wir: „Ich glaube an Gott, den Vater, den Allmächtigen, den Schöpfer des Himmels und der Erde." Und wir bekreuzigen uns, indem wir sprechen: „Im Namen des Vaters, und des Sohnes, und des Heiligen Geistes." Oder auch: „Ehre sei dem Vater, und dem Sohn und dem Heiligen Geist."

Immer also steht die Person des Vaters an erster Stelle! Dennoch bleibt ein Unbehagen: wird der Vater ausreichend als einzelne Person verehrt? Das geschieht höchstens beim Beten des „Vaterunsers", sonst eigentlich nicht. Auf diese Tatsache hat besonders die italienische Ordensgründerin Sr. Eugenia Ravasio hingewiesen. Sie hat von 1907 bis 1990 gelebt.

Schon 1932 hat sich ihr der himmlische Vater geoffenbart. Für die Niederschrift dieser Botschaft hat sie immerhin 1989 das Imprimatur, also die kirchliche Druckerlaubnis, durch den vatikanischen Generalvikar erhalten. Darauf darf man sich also verlassen. Das Markanteste an diesen „Worten von Gott-Vater an alle Menschen" ist der Wunsch, ihm zu Ehren solle ein eigenes Fest gefeiert werden.

Folgendes muss man sich zum besseren Verständnis einmal überlegen: wir haben mehrere sogenannte „Herrenfeste", zum Beispiel Weihnachten, Ostern, Christi Himmelfahrt. Wir haben ein Fest zu Ehren des Heiligen Geistes: Pfingsten nämlich, dem besonders das Sakrament der Firmung zugeordnet ist.

Und dann gibt es noch den Dreifaltigkeitssonntag – aber keinen eigenen Sonntag, dem ausschließlich die Verehrung von Gott-Vater vorbehalten wäre.

Daran werden wir nichts ändern können. Aber es wäre doch sinnvoll, sich fallweise ausführlicher mit dem Wesen des Vaters und seiner Wirksamkeit zu befassen. Damit wir, wie es im heutigen Tagesgebet heißt, Gott, dem Schöpfer und Lenker aller Dinge, mit ganzem Herzen dienen und die Macht seiner Liebe an uns erfahren – und dass wir dies auch besser verstehen können.

25. SONNTAG/JAHRESKREIS (Amos 8,4-7; Lk 16,1-8)

Sind wir Christen nicht in einer besseren Situation als seinerzeit die Zuhörer Jesu? Jedem interessierten Gläubigen sind heutzutage die Schriften des Alten und Neuen Testaments zugänglich. Die Zuhörer Jesu hingegen haben wohl verschiedene Bücher des Alten Testaments vom Hören her gekannt; und dann haben sie noch Gleichnisse und Belehrungen des Herrn gehört – das aber war alles! Damit hätten sie selig werden können.

Im Unterschied dazu steht uns Christen die gesamte Bibel mit ihren 45 alttestamentlichen und 27 neutestamentlichen Büchern zur Verfügung. Im Hinblick auf das heutige Evangelium darf man schon fragen: was machen wir aus diesem uns anvertrauten Vermögen? Sind wir tüchtige Verwalter dieses Kapitals? Oder gehen wir gedankenlos damit um: wie jener Verwalter es zunächst getan hat, den Jesus im Gleichnis schildert?

Denn gerade das Beispiel dieses Mannes macht deutlich, dass man oft Jahre verstreichen lassen kann, ohne dass etwas Beunruhigendes geschieht. Aber einmal kommt dann doch der Tag der Rechenschaft. Fast reflexartig weiß sich der Verwalter noch im letzten Augenblick aus seiner misslichen Situation zu befreien. Was war aus der Sicht des Erlösers daran so lobenswert? Etwa die Unehrlichkeit des Verwalters? Also dass er sich erst unredlich bereichert und dann noch seinen Herrn betrogen hat?

Keineswegs! Hätte Jesus die Gaunerei dieses Mannes gelobt, wäre er mit sich selbst in Widerspruch geraten. Geißelt er doch verschiedentlich den ungerechten Mammon. Jesus wäre zudem im Widerspruch zur Botschaft des Propheten Amos gestanden. Der hatte scharfe Worte gegen jene Leute gefunden, die sich auf Kosten anderer bereichern und sogar noch den Abfall des Getreides zu Geld machen, wie wir in der Lesung gehört haben. Vielmehr wird von Jesus die Klugheit des Verwalters gelobt.

Worin bestand dessen Klugheit? Dass dieser Mann seine kritische Situation rechtzeitig und richtig erkannt und dann entschlossen gehandelt hatte. Das also will uns der Herr ans Herz legen: denkt an den Tag der Rechenschaft! Wenn ihr ein gutes Gewissen habt, braucht ihr euch nicht zu fürchten! Wenn es aber in eurem Leben etwas zu verbessern gibt? Dann packt entschlossen an! Jesus wünscht sich einfallsreiche Nachfolger. Denn es ist nie zu spät für eine Kurskorrektur!

Der römische Dichter und Philosoph Seneca hat einmal gesagt: „Man muss, solange man lebt, lernen, wie man leben soll." Das kann aus der Sicht des heutigen Evangeliums nur bestätigt werden. Wie viele Risiken nehmen die sogenannten „Kinder dieser Welt" in Kauf, wie viel lassen sie sich einfallen, um ihre irdischen Ziele zu erreichen? Um wie viel mehr müssten wir Christen uns einfallen lassen, wie müssten wir uns anstrengen, um das ewige Ziel zu erreichen!

26. SONNTAG/JAHRESKREIS (Am 6,1.4-7; Lk 16,19-31)

„Wehe den Sorglosen und Selbstsicheren! Wehe den Faulenzern und Genießern!" So hat der Prophet Amos der reichen Oberschicht Israels zugerufen. Die übliche Ausrede: „Das habe ich nicht gewusst! Dabei habe ich mir nichts gedacht!", zählt also vor Gott nicht. Natürlich ist zu unterscheiden zwischen dem, was man ganz einfach nicht wissen kann; und dem, was man schuldhaft nicht weiß.

Sorglosigkeit und Bequemlichkeit lassen einen manches übersehen. Doch einmal kann es ein böses Erwachen geben, wie das heutige Evangelium so dramatisch zeigt. Es wäre daher ein großes Missverständnis zu denken: „Wie treffend Jesus spricht – zu den anderen!" Vielmehr sollte man sich fragen: „Was hat

Amos mir zu sagen? Wo komme ich im heutigen Evangelium vor? Lasse ich mich von der Lehre Jesu überzeugen – oder rede ich nur darüber?“

Gedankenlosigkeit kann zur Sünde werden, jedenfalls dann, wenn man sich nicht mehr vom Wort Gottes treffen lässt. Genussvoll ein ruhiges Leben zu führen, ist ein Widerspruch zu dem, wie sich Gott um die Menschen sorgt. Denn es mag schon sein, dass man seinen Besitz durch Fleiß, gute Einfälle und unter günstigen Voraussetzungen zu Recht erworben hat.

Wird der Besitz aber zum Reichtum, verschließt man obendrein die Augen davor, wie es in dieser Welt zugeht, kann man sich nicht mehr unschuldig herausreden: „Ich habe nichts gewusst, mir hat niemand etwas gesagt!“ Vor dem Hintergrund der gegenwärtigen Weltsituation mit ihrem Hunger und allem Elend kann Reichtum mit den Worten Jesu nur als „ungerecht“ bezeichnet werden. Wie ist das zu verstehen?

Vor kurzem war beispielshalber zu lesen, dass das Vermögen der 358 reichsten Menschen unserer Erde dem Gesamteinkommen der ärmsten 45 % der Weltbevölkerung entspricht. Da besteht eine Kluft zwischen Vermögenden und Armen wie zwischen dem Prasser und dem Lazarus unseres Evangeliums. Vielleicht wendet jemand ein: „Von uns gehört bestimmt niemand zu diesen 358 Reichen!“ Das ist sicher richtig.

Falsch aber wäre es, sich deswegen zu beruhigen, weil man kein Millionär und kein Verbrecher ist. Denn genau das ist es, was Amos geißelt und weswegen seine Mahnung für uns so aktuell ist: diese Sorglosigkeit, welche das Wort Gottes überhört und die Not des Nächsten übersieht. Vergessen wir als Christen nicht, dass im Schuldbekenntnis nicht an erster Stelle steht, dass wir Böses getan; sondern, dass wir Gutes unterlassen haben.

Die große Schuld des reichen Mannes war: das Gute, das ihm so leicht möglich gewesen wäre, nicht getan zu haben. Reichtümer wird niemand von uns zu verschenken haben. Aber wir können auch mit bescheidenen Mitteln zumindest ein Zeichen setzen, dass der Mammon nicht der Mittelpunkt unseres Lebens ist; sondern dass uns das Evangelium die Augen für die Notlage anderer geöffnet hat.

27. SONNTAG/JAHRESKREIS (2 Tim 1,6-8.13-14; Lk 17,5-10)

Was ist wesentlich? Kleinen Kindern stellt sich diese Frage noch nicht: die spielen einmal kurz mit Legosteinen, dann laufen sie herum, schließlich zeichnen sie vielleicht etwas – und immer wieder bleibt auch etwas ungeordnet liegen. Bei Erwachsenen ist das schon anders. Die möchten – je länger umso mehr – Ordnung in ihr Leben bringen. Und deswegen stellt sich mit zunehmendem Alter umso drängender die Frage: Was ist wesentlich? Was ist für mein Leben wesentlich?

Ähnlich dürfte das bei den Aposteln gewesen sein. Je länger sie Jesus gefolgt sind, umso mehr sind ihnen ihre Unzulänglichkeiten bewusst geworden. Daher die Bitte an den Herrn: „Stärke unseren Glauben!“ Das ist seither das zentrale Anliegen der Kirche, das muss das zentrale Anliegen jedes Einzelnen sein, davon sollte man sich nicht durch Nebensächlichkeiten ablenken lassen! Jesus selbst hat darauf hingewiesen, wie Lukas berichtet (18. Sonntag: 12,13 f).

Da hat nämlich ein junger Mann aus der Volksmenge Jesus gebeten, er solle seinem Bruder sagen, dass er mit dem Bittsteller das Erbe teile. Doch Jesus erwidert energisch: „Wer hat mich zum Richter oder Schlichter bei euch gemacht?“ Der Herr gesteht damit zu, dass auch die irdischen Angelegenheiten in korrekter Weise geregelt werden sollten. Doch das ist die Aufgabe von Gerichten und der weltlichen Verwaltung.

Das war nicht die Aufgabe Jesu; das ist daher auch nicht die eigentliche Aufgabe der Kirche. Was ist dann deren Kerngeschäft? Die Apostel haben es begriffen: es geht um den Glauben! Das sollte daher auch unser hauptsächliches Anliegen als Christen sein. Dem entsprechend findet sich in unserem Eingangslied (GL 848) die Feststellung: „Herr, ich glaube; Herr, ich hoffe; Herr, von Herzen lieb ich dich.“ Darauf bezieht sich dann die Bitte: „In dem Glauben, in der Hoffnung, in der Liebe stärke mich.“

Dieses Anliegen machen wir uns ferner zu eigen, wenn wir den Rosenkranz beten. Da werden in den drei „Gegrüßet seist du Maria“ nach dem einleitenden Glaubensbekenntnis und dem Vaterunser die Anrufungen eingefügt: „der in uns den Glauben vermehre…der in uns die Hoffnung stärke…der in uns die Liebe entzünde!“ Aus all dem geht ein Doppeltes hervor: Glaube, Hoffnung,

Liebe gehören zusammen; sie sind die tragenden Säulen des christlichen Lebens (1 Kor 13,13). Sie sind sozusagen das „Kerngeschäft" der Christen.

Die Befähigung dazu wird uns in der Taufe geschenkt. Doch müssen wir uns auch um die Entfaltung dessen bemühen, was uns da geschenkt wurde. Nur dadurch werden wir zu erwachsenen, mündigen Christen. In einer Zeit, wo aktuelle Probleme wie eine Sturzflut auf uns zukommen und wo daher viele Menschen nach Orientierung suchen, ist es erst recht unsere vorrangige Aufgabe, uns darauf zu besinnen, was das Wesentliche unseres Glaubens ist und was wir der „Welt" diesbezüglich anzubieten haben.

28. SONNTAG/JAHRESKREIS (Lk 17,11-19)

Angenommen, sie haben im Rahmen einer Rätselrunde die Aufgabe, Sätze zu vervollständigen – wie würden sie fortfahren, sollte der erste Satzteil lauten: „Bekehrt euch…"? Die Meisten würden vermutlich ergänzen: „…und tut Buße." Ja, für viele Christen gehört das zusammen: „Bekehrt euch und tut Buße!" Das ist auch gut biblisch. Sowohl Johannes der Täufer als auch Jesus zu Beginn seines öffentlichen Wirkens haben zu Umkehr und Buße aufgerufen.

Doch gerade im Hinblick auf das heutige Evangelium wird man weiterfragen dürfen: wie könnte denn Bekehrung erfolgen? Da stellen doch 10 Aussätzige auf dem Weg zu den Priestern fest, sie seien auf das Wort Jesu hin geheilt worden. Ihre Freude kennt keine Grenzen – aber wie verhalten sie sich? Neun kehren nicht um! Einer von denen ist vielleicht zu seinen Freunden gelaufen und hat mit ihnen seine Heilung gefeiert. Ein Zweiter konnte kaum erwarten, in den vertrauten Kreis seiner Familie zurückzukehren.

Ein Dritter, ein Kaufmann, versuchte, seine früheren Geschäfte wieder aufzunehmen. Ein Vierter war möglicherweise zu schüchtern, um allein zu Jesus zu gehen; aber niemand ging mit ihm. Einige wollten offenbar nicht mehr an die schlimme Zeit ihrer Krankheit erinnert werden und liefen ganz einfach davon. Ja, und der Neunte befürchtete gar, Jesus könnte ihn in seine Nachfolge einladen – doch soviel war ihm die Heilung nun auch wieder nicht wert.

Nur einer begriff, was als erstes zu tun wäre: er kehrte um und lobte Gott. Und das war ausgerechnet ein Samariter. Die neun anderen Geheilten sind in den Alltag zurückgekehrt und haben so weitergetan wie vorher. Eigentlich sind sie damit Gott nicht näher gekommen. Der Samariter hingegen hat sich zu eigen gemacht, was sowohl Johannes der Täufer als auch Jesus zu Beginn seines öffentlichen Auftretens gepredigt haben:

„Bekehrt euch! Denn das Himmelreich ist nahe" (Mt 3,2; 4,17). Dieser Aussätzige hat erkannt, dass ihm in seiner Heilung zugleich Heil wiederfahren ist. Das Himmelreich ist ihm nahegekommen. Deswegen kehrt er um und gibt voll Freude Gott die Ehre. Wir dürfen annehmen, dass er in Zukunft aus innerem Antrieb heraus anders gelebt hat, als vor seiner Erkrankung.

Der Satz: „Bekehrt euch und tut Buße" hat also seine bleibende Berechtigung. Die Erfahrung des geheilten Samariters zeigt darüber hinaus, dass man ergänzend sagen darf: „Bekehrt euch und lobt Gott!" Denn die konkreten Busswerke sind zweitrangig; an erster Stelle jeder echten Umkehr steht, dass Gott in Dankbarkeit geehrt werde.

29. SONNTAG/JAHRESKREIS (Ex 17,8-13; Lk 18,1-8)

Es gibt Probleme, die kennt ein Ungläubiger nicht. Dazu zählt die Frage: Warum erhört Gott nicht mein Gebet? So bedrängend dieses Anliegen für jeden Betroffenen ist – neu ist das nicht! Schon der alttestamentliche Beter hat geklagt: „Herr, warum bleibst du so fern, verbirgst dich in Zeiten der Not?" Diese scheinbare Abwesenheit Gottes ist für den Psalmisten deswegen so unerklärlich, weil sich umgekehrt der Frevler ungestraft rühmen und überheblich sagen kann: „Gott straft nicht. Es gibt keinen Gott."

Deswegen meint der Frevler auch, jene anfauchen zu können, die ihm missliebig sind (Ps 10,1.3-5). Genauso ergeht es der Witwe im heutigen Evangelium. Es ist schon in Ordnung, dass sich ein Richter nicht gleich von jedem Geschrei beeindrucken lässt. Aber Recht muss Recht bleiben, es muss jemand auch dann zu seinem Recht kommen, wenn er keine Lobby hinter sich hat, wie beispielshalber diese arme Witwe im heutigen Evangeliums.

Der Richter fürchtet offenbar niemanden, auch nicht Gott. Das führt dazu, dass seine Rechtsprechung zur Willkür entartet. Besonders die Witwen hatten damals niemanden, der ihnen beigestanden wäre. Deswegen hat es Israel als Auftrag Gottes verstanden: „Ihr sollt keine Witwe oder Waise ausnützen. Wenn du sie ausnützt und sie zu mir schreit, werde ich auf ihren Klageschrei hören" (Ex 22,21 f). Das also bewirkt die Überzeugung, Gott sei den Schwachen ein Helfer (Ps 10,12; 146,9).

Doch umgekehrt: wie ist das, wenn derlei speziell jene nicht kümmert, welche die Macht innehaben und damit über Recht und Unrecht entscheiden? Die Hilfe Gottes funktioniert leider nicht wie ein Automat auf Knopfdruck. Dann ließe es sich ja leicht gläubig sein! Was also tun? Mit dem Beten aufhören? Die arme Witwe gibt in dieser Frage auf ihre Art und Weise eine gegenteilige, überzeugende Antwort.

Wir würden das in den Spruch kleiden: „Hilf dir selbst, dann hilft dir Gott." Diese Frau lässt mit ihrem berechtigten Anliegen nicht locker, sie geht dem Richter echt auf die Nerven. Und das wirkt! Was soll uns damit gezeigt werden? Gott kann man sicher nicht auf die Nerven gehen; und ungerecht ist er schon gar nicht. Aber wenn schon der ungerechte Richter dem Drängen der Witwe nachgibt, um wie viel mehr wird das der höchst gerechte Gott tun?

Allerdings, auch das soll mit diesem Gleichnis verdeutlicht werden: Gott will gebeten werden. Allein deswegen, weil wir getauft sind, wird uns nicht alles auf Anhieb gelingen oder gegeben werden. Ebenso wird es für uns ein Geheimnis bleiben, warum scheinbar einmal ein Gebet erhört wird, ein andermal nicht. Dennoch stimmen Lesung und Evangelium darin überein, dass wir nicht nachlassen dürfen, zwar bescheiden, aber auch vertrauensvoll zu beten.

30. SONNTAG/JAHRESKREIS (Lk 18,9-14)

„Tu Gutes und sprich davon!": dieses Schlagwort wurde von amerikanischen Werbefachleuten geprägt. Inzwischen hat man es weltweit übernommen. Und so verkünden verschiedenste Institutionen landauf – landab, was sie alles Gutes tun. Wie auch immer – Jesus hat seine Jünger nicht gelehrt: „Tut Gutes und sprecht davon!“ Was hat der Erlöser dann seinen Aposteln in der Bergpredigt aufgetragen?

Wenn du Gutes tust, dann „soll deine linke Hand nicht wissen, was deine rechte tut“ (Mt 6,3). Heißt das nun, dass man überhaupt nicht über seine Vorzüge sprechen darf? Muss man verschweigen, dass man sich sozial betätigt? So kann das nicht gemeint sein. Denn in der Bergpredigt macht der Herr auch darauf aufmerksam, dass ein Licht auf einem Leuchter gesehen wird. Deswegen seine Weisung:

„So soll euer Licht vor den Menschen leuchten, damit sie eure guten Werke sehen und euren Vater im Himmel preisen“ (Mt 5,16). Damit aber haben wir einen entscheidenden Fingerzeig zum Verständnis des heutigen Evangeliums gewonnen. Denn gewiss müssen beispielshalber Bischöfe gegenüber ihren Diözesanen verdeutlichen, wie sie ihre Hirtensorge wahrnehmen und was sie so alles tun.

Aber auch die Kirche insgesamt darf auf ihre Leistungen im sozialen, schulischen und kulturellen Bereich hinweisen. Muss sie doch Zeugnis dafür ablegen, wie sie die Botschaft Jesu in entsprechenden Werken umsetzt. Sonst könnte der Eindruck entstehen, alle anderen Religionsgemeinschaften täten viel, nur die katholische Kirche tue nichts. Das gilt ebenso für jede Pfarre, das gilt genauso gut für jeden einzelnen Christen.

Worauf es aber ankommt, ist die Gesinnung, aus der heraus etwas geschieht! Soll also das eigene Licht deswegen vor den Menschen leuchten, damit man gelobt wird? Macht man für sich Werbung? Oder will man Gott die Ehe geben? Diese Fragen stehen letztlich auch hinter dem heutigen Evangelium. Denn dass der Pharisäer gewissenhaft gehandelt hat und ein Wohltäter war, geht schon in Ordnung.

Hingegen waren die Verfehlungen des Zöllners nicht zu loben, im Gegenteil! Aber was vor Gott zählt, ist Frömmigkeit ohne Überheblichkeit. Aus dieser Sicht kann dann manches anders erscheinen, als uns Menschen vorkommt. So zeigt es das heutige Evangelium. Hat das nicht auch sehr direkt hier mit uns zu tun? Etwa hinsichtlich der Frage: warum geht man in die Kirche? Nur um gesehen zu werden? Oder um gemeinsam mit anderen Eucharistie zu feiern?

Weiters: dankt man Gott ehrlichen Herzens, dass man nicht zu den schweren Sündern gehört? Oder fühlt man sich deswegen über andere erhaben, auch wenn man es nicht nach außen zeigt? Wer nur Gutes tut, um darüber sprechen zu können, liegt ähnlich falsch wie der Pharisäer des Evangeliums. Wer jedoch das Gute wirklich um des Guten willen tut, darf sich durch das heutige Gleichnis Jesu bestätigt fühlen.

ALLERHEILIGEN (1 Joh 3,1-3; Mt 5,1-12)

Das heutige Fest rückt das Gedächtnis all jener, die wir „Heilige" nennen, in den Mittelpunkt. Da geht es aber nicht um bekannte Namen und große Persönlichkeiten. Nein, gemäß der kirchlichen Lehre verdienen auch jene gefeiert zu werden, die wir vielleicht selbst noch gekannt haben, die jedoch ganz gewöhnliche Leute waren, so wie wir; die aber auf außergewöhnliche Weise den Glauben ernst genommen haben. Diese Christen, die uns im Alltag den Glauben vorgelebt haben, sollen heute mit einem eigenen Fest geehrt werden.

Damit bezeugen wir: niemand wird vergessen, nichts Gutes war vergeblich, die Glaubenstreue zählt! Diese Feier lenkt unseren Blick jedoch nicht nur zurück in die Vergangenheit, sondern lässt uns zugleich tiefer blicken. Geht es doch speziell um die (6) großen Grundwahrheiten unserer katholischen Kirche. Im Glaubensbekenntnis sind sie zusammengefasst. Diese Grundwahrheiten sind das Fundament, auf dem alles Weitere ruht.

Im Hinblick auf unser heutiges Fest Allerheiligen ist von Bedeutung, dass wir an einen Gott in drei Personen glauben. Während wir im besonderen Gott Vater als Schöpfer verehren, verehren wir Jesus Christus als unseren Erlöser, der einst auch unser Richter sein wird. Wie entfaltet dann der Heilige Geist, die dritte göttliche Person, seine Wirksamkeit? Das findet gegen Ende des Glaubensbekenntnisses seinen Ausdruck. Wir bezeugen nämlich, dass es ein ewiges Leben gibt. Denn die Seele des Menschen ist unsterblich (5. Grundwahrheit).

Weil der Mensch somit im Tod nicht untergeht, wird es eine Auferstehung der Toten geben. Wie dürfen wir uns dieses ewige Leben nach dem leiblichen Tod vorstellen? Das schildert Jesus etwa im Gleichnis vom himmlischen Gastmahl (vor rund zwei Wochen: Mt 22,1-10; Jes 25,6-10). Diese Bildersprache soll uns nahe bringen, wie wir uns die ewige Gemeinschaft mit Gott und allen Erlösten verständlich machen können. Man wird die Ewigkeit nämlich nicht für sich allein, von allen guten Menschen isoliert, in eisiger Kälte, erleben.

Sondern es wird etwas sehr Freudiges, ja Festliches sein, und zwar in Gemeinschaft mit jenen, die uns vorausgegangen sind, mit denen wir nunmehr in der Anschauung Gottes verbunden sind. Eben ein Festmahl, das nie langweilig und das nie enden wird. Dazu führt uns der Geist zusammen, das ist sein Werk. Darauf dürfen wir unsere Hoffnung setzen, erst durch diese Hoffnung werden wir heilig, wie uns die Lesung verheißt (3,3). Wie aber wird uns diese Unmittelbarkeit zu Gott, wie sie etwa der Islam nicht kennt, geschenkt?

Das heutige Evangelium nennt uns die Zugangsbedingungen zum himmlischen Gastmahl. Es handelt sich um die sogenannten „Seligpreisungen". Damit garantiert unser Erlöser kein leichteres Leben, nur weil wir glauben. Aber rückschauend werden wir einst froh sein, dass wir im Namen des Glaubens in den Schwierigkeiten des Lebens standgehalten haben. Auf diese Seligkeit dürfen wir uns freuen! Wenn auch erst im Jenseits offenbar werden wird, was dies alles bedeutet.

ALLERSEELEN (III.: Phil 3,20-21; II.: Joh 14,1-6)

Ein Dichter (Johann Heinrich Jung-Stilling) hat einmal geschrieben: „Die beiden schönsten Orte (=Dinge) sind die Heimat, aus der wir stammen, und die Heimat, nach der wir wandern." Ein wahres Wort! Es ist allerdings nicht selbstverständlich, dass jeder seine ursprüngliche Heimat so in Erinnerung behält, dass er rückschauend sagen kann: „Es war schön!" Wenn ja, muss man dankbar sein. Doch jetzt im Herbst werden wir darauf aufmerksam gemacht, wie vergänglich alles Irdische ist.

Die Heimat, aus der wir stammen, bleibt uns nicht für immer erhalten. Umso mehr müssen wir an jene Heimat denken, auf die wir alle zuwandern, sie steht uns allen unterschiedslos bevor. Wir sprechen von der ewigen Heimat. So heißt es in einem bekannten Kirchenlied: „Wir sind nur Gast auf Erden und wandern ohne Ruh, mit mancherlei Beschwerden der ewigen Heimat zu" (GL 505). Dieser Gedanke findet sich sowohl in der Lesung als auch im Evangelium.

Da schreibt einerseits Paulus an die Philipper: „Unsere Heimat ist der Himmel." Denn was wir gegenwärtig erleben, ist „armselig" im Verhältnis zu dem, was uns in Aussicht gestellt ist, was also ewig bleibt. Andererseits erleben wir, dass Menschen so eng zusammenleben müssen, dass sie sich gegenseitig behindern; oder dass sie ohne feste Unterkunft sind. Im Gegensatz dazu gilt für das Leben in der ewigen Heimat, was Jesus uns zusagt: „Im Hause meines Vaters gibt es viele Wohnungen.“

Da ist also für alle Platz. Alle sind willkommen, wenn sie den Weg Jesu beschritten haben, so gut ihnen dieser Weg eben bekannt war. Genau daran denken wir vor allem heute, am Fest Allerseelen. Viele können mit diesem Fest bedauerlicherweise nicht mehr viel anfangen. Man geht zwar in diesen Tagen häufig auf den Friedhof und pflegt fürsorglich die Gräber. Aber hat man noch eine lebendige Beziehung zu den Verstorbenen, die im Frieden Christi heimgegangen sind?

Doch genau daraufhin zielt unser christliches Verständnis, wenn wir zum Beispiel im Glaubensbekenntnis die „Gemeinschaft der Heiligen“ bezeugen. In diesem Geiste feiern wir das Fest Allerseelen. Die Totenpräfation versichert uns: „Deinen Gläubigen, o Herr, wird das Leben gewandelt, nicht genommen. Und wenn die Herberge der irdischen Pilgerschaft zerfällt, ist uns im Himmel eine ewige Wohnung bereitet.“ Wir – die Lebenden – fühlen uns also nicht nur hier auf Erden untereinander verbunden.

Ebenso gilt diese Verbundenheit denen, die uns vorausgegangen und die nun vollendet sind. Aber auch umgekehrt: wir sind überzeugt, dass die Verstorbenen uns verbunden bleiben. Wir beten für sie, sie wirken vor Gott für uns. Wenngleich wir zugestehen müssen, dass uns noch verborgen ist, wie dies alles abläuft. Gleichzeitig beten wir für uns selbst, dass auch wir die letzte Vollendung in der ewigen Heimat finden. Wir tun dies in Gemeinschaft mit Gott und mit jenen, denen schon die ungetrübte Freude beschieden ist.

31. SONNTAG/JAHRESKREIS (Weish 11,23-12,2; Lk 19,1-10)

Immer wieder kann man hören: „Der Mensch ist, was er isst.“ Damit möchte vor allem die Nahrungsmittelindustrie darauf aufmerksam machen, dass das Befinden eines Menschen entscheidend von seiner Ernährung abhängt. Das kann man schon so gelten lassen. Geht es bei der Ernährung aber nicht auch noch um anderes? Könnte man nicht genauso gut formulieren: „Sage mir, mit wem du isst, und ich sage dir, wer du bist?“

Offenbart es nicht sehr viel über das Selbstverständnis Jesu, dass er bei einem Zöllner zu Gast ist? Also Mahlgemeinschaft mit einem Sünder hat? Dass die Leute darüber murren, ist mehr als verständlich. Denn die Zöllner waren zur Zeit Jesu höchst unerwünschte Tischgenossen. Sie haben nämlich mit der römischen Besatzungsmacht zusammengearbeitet. Dabei haben sie nicht nur für diese heidnischen Fremden die Zölle eingetrieben; sondern gleichzeitig auch gesorgt, dass sie selbst auf ihre Rechnung gekommen sind.

Vom moralischen Standpunkt aus war der private Umgang mit den Zöllnern also sehr suspekt. Und bei so einem Typ kehrt Jesus nun ein! „Sage mir, mit wem du isst, und ich sage dir, wer du bist." Begibt sich der Herr damit nicht auf das moralische Niveau dieser öffentlichen Sünder? So haben die Leute damals offenbar gedacht. Mit ihrer Denkweise haben sie Jesus aber missverstanden. Vielmehr erfüllt Jesus, was der alttestamentliche Weise von Gott sagt. Der Erlöser zeigt damit, dass er in Wahrheit der Sohn Gottes ist.

Wir haben es in der Lesung gehört. Da hat es nämlich von Gott geheißen: „Du erbarmst dich aller, weil du alles vermagst, und siehst über die Sünden der Menschen hinweg, damit sie sich bekehren." Darauf also kommt es dem Erlöser an: dass sich die Menschen bekehren! Was Jesus tut, ist daher kein Ausrutscher; sondern dafür ist die zweite göttliche Person Mensch geworden, um jene zu retten, die sich von seiner Botschaft ansprechen lassen.

Der Zöllner Zachäus hat begriffen, was der Besuch Jesu bei ihm zu bedeuten habe. Er hat sich von seinem bisherigen schlechten Lebenswandel abgewandt und versucht, wieder gut zu machen, was möglich war. Haben auch wir verstanden, was uns das heutige Evangelium sagen möchte? Solch dramatische Schritte, wie Zachäus sie gesetzt hat, werden bei uns sicherlich nicht nötig sein. Dürfen wir deswegen aber beruhigt denken: das war einmal, das geht mich nichts an?

Eindringlich stellt Jesus dem Zöllner gegenüber fest: „Heute soll ich bei dir einkehren"; sowie: „Heute ist in dieses Haus das Heil gekommen." Dieses zweimalige „Heute" dürfen wir auch auf uns beziehen! Hier und heute ist Jesus unter uns gegenwärtig, wenn wir gemeinsam seine Botschaft hören und an den Tisch des Herrn treten. Indem wir jeden Sonntag der Einladung des Herrn zu seinem Gastmahl folgen, zeigen wir, wer wir sind, und woher wir die Kraft für unser christliches Leben beziehen.

32. SONNTAG/JAHRESKREIS (Lk 20,27.34-38)

„Gott ist kein Gott von Toten, sondern von Lebenden“: dieser Schlusssatz des heutigen Evangeliums verbindet diesen Sonntag einerseits mit dem Fest Allerseelen, andererseits mit der Gegenwart. Denn was Jesus den Sadduzäern antwortet, ist ein Widerspruch zu heutigen Ansichten. Den Sadduzäern war nämlich der Tempelkult ein Anliegen; ein Fortleben nach dem Tod haben sie aber geleugnet. In ähnlicher Weise pflegen viele unserer Zeitgenossen alle möglichen Bräuche, an ein Leben jenseits des leiblichen Todes glauben sie aber nicht.

Sie gleichen Menschen, die nur den wolkenverhangenen Himmel sehen. Doch wie lautet eine Lebensweisheit? „Optimismus ist die Fähigkeit, den blauen Himmel hinter den Wolken zu ahnen“ (Madeleine Robinson). Ähnlich sehen wir Gläubige sozusagen dahinter. Leben wir doch aus der Überzeugung, dass es die Auferstehung der Toten gibt. Aber selbstverständlich darf man fragen: Welche Argumente sprechen für den Glauben an ein ewiges Leben? Wie sehr zum Beispiel Papst Benedikt XVI. mit diesem Problem gerungen hat, ist seiner Enzyklika über die Hoffnung (Spe salvi) zu entnehmen.

Da schreibt er, „dass die Frage der Gerechtigkeit…das stärkste Argument für den Glauben an das ewige Leben ist. Das letzte Gericht ist also nicht ein Bild des Schreckens, sondern der Hoffnung; nämlich, dass es unmöglich ist, dass das Unrecht…das letzte Wort hat. Die Gnade Gottes macht das Unrecht nicht zum Recht. Sie (= die Gnade) ist nicht ein Schwamm, der alles wegwischt, so dass am Ende…alles gleichgültig ist, was einer auf Erden getan hat…Die Missetäter sitzen am Ende nicht in gleicher Weise neben den Opfern am Tisch des ewigen Hochzeitsmahles“ (43 f).

Mit dem Hinweis auf die göttliche Barmherzigkeit ist also nicht alles erklärt, es geht auch um Gerechtigkeit und einen Ausgleich zum irdischen Leben. Bevorzugungen oder Benachteiligungen wird es im Gericht Gottes nicht geben. Es wird daher niemand einen Vorteil haben, weil er lange gelebt hat und unter günstigen Umständen geboren wurde. Und es wird niemand einen Nachteil haben, weil er nur kurz gelebt hat und vielleicht schwere Schicksalsschläge hinnehmen musste.

Das würde unserem Gerechtigkeitsempfinden widersprechen. Das heutige Evangelium lenkt unsere Aufmerksamkeit noch auf einen weiteren Gesichtspunkt. Mit ihrer Fangfrage geht es den Sadduzäern nämlich um die Bedeutung der Ehe für das Jenseits. Diesbezüglich stellt Jesus klar, dass nur in dieser Welt geheiratet wird. In jener Welt aber wird nicht geheiratet und nicht gestorben.

Im Gericht Gottes sind daher nicht die benachteiligt, die – aus welchen Gründen auch immer – nicht geheiratet haben. Und es werden auch jene nicht benachteiligt sein, die keine Kinder hatten. Wäre es anders, würde es für uns Zölibatäre im Jenseits schlecht aussehen. Doch durch die Auferstehung werden wir alle den Engeln gleich, da gibt es keine Standesunterschiede, nur noch Leben in Gott!

33. SONNTAG/JAHRESKREIS (2 Thes 3,7-12; Lk 21,5-9)

Wir sagen: „Ende gut, alles gut." Denn erst, wenn man sein Ziel erreicht hat, waren die vorhergehenden Bemühungen sinnvoll. Umgekehrt: was hilft es, wenn man zum Beispiel eine angenehme Zugfahrt hatte, es aber beim Aussteigen Probleme gibt? Oder man das Aussteigen übersieht? Lautet daher die Zugansage: „Wir erreichen in wenigen Minuten die Station…" – was kann man beobachten? Fahrgäste stehen auf, machen sich zurecht, schauen vielleicht noch in den Spiegel.

Man will ja schließlich keinen schlechten Eindruck machen, wenn man auf Bekannte trifft. Und dann begibt man sich mit seinem Reisegepäck zu den Türen. Bei einer Zugfahrt weiß man also, wie man sich zu verhalten hat. Wie aber ist das bezüglich der Lebensreise? Denn an einer Tatsache gibt es nichts zu rütteln: unser irdisches Dasein wird einmal enden! Wann und wie? Das wissen wir nicht. Und nicht nur das, auch die Welt in ihrer jetzigen Gestalt wird nicht ewig bestehen!

Jesus nennt ein Vorzeichen: der Tempel in all seiner Schönheit und beeindruckenden Größe wird zerstört werden, es wird kein Stein auf dem anderen bleiben. Zum Zeitpunkt, als Lukas sein Evangelium abgefasst hat, war dieses Ereignis wohl bereits eingetreten. Ursprünglich undenkbar für gläubige Juden, war es dennoch so gekommen. Für uns aber wurde es zu einer Redensart, dass kein Stein auf dem anderen bleibt. Ob man sich etwas dabei denkt, wenn man diese Redewendung gebraucht? Wie auch immer – das Weltenende wird eintreten.

Aber wann es soweit sein wird und an welchem Zeichen man erkennen könnte, dass es soweit ist, das wird von Jesus offen gelassen. Im Hinblick darauf heißt es auch im Katechismus der katholischen Kirche (1048) gegen alle Unglückspropheten, dass wir den Zeitpunkt der Vollendung der Erde und der Menschheit nicht kennen; auch wüssten wir nicht, wie das Universum umgestaltet werden könnte. Das gilt ebenso für unser eigenes Leben.

Wie sollen wir daher leben? In Thessaloniki hat es Schwärmer gegeben, die sich um die naheliegenden Pflichten nicht gekümmert haben; sie waren nämlich überzeugt, das Ende aller Zeiten komme bald. Ihnen trägt Paulus auf, sie sollten seinem Beispiel entsprechend in Ruhe ihrer Arbeit nachgehen, ihr selbstverdientes Brot essen und nicht herumspintisieren. Der Reformator Martin Luther soll das für sich selbst so ausgelegt haben:

„Wenn ich wüsste, dass morgen das Weltenende eintritt, würde ich noch heute ein Apfelbäumchen pflanzen." Was sollte damit gesagt werden? Auch wenn ihm nur noch eine kurze Spanne Zeit bleiben und wenn er persönlich nichts mehr davon haben sollte, würde er dennoch den Schöpfungsauftrag zu Ende führen (KKK 2427). Anders als die Thessalonicher würde er die verbleibende Zeit nützen, etwas Gutes zu tun. Dann könnte man tatsächlich sagen: „Ende gut, alles gut."

CHRISTKÖNIGSFEST (Lk 23,35-43)

Am Ende vieler Symphonien steht machtvoll der Schlussakkord. Er besiegelt gleichsam die vorangegangene musikalische Botschaft. Ähnlich wie ein Schlussakkord steht das Christkönigsfest am Ende des Kirchenjahres: es ist Schlusspunkt und Zusammenfassung dessen, was wir das Kirchenjahr hindurch gefeiert haben. Vielen Menschen allerdings ist gegenwärtig dieses Festgeheimnis eher unverständlich.

Einerseits verwundert dies, konsumieren doch nicht wenige die Geschichten von Königen und gekrönten Häuptern, wie sie Woche für Woche in der sogenannten Regenbogenpresse veröffentlich werden. Andererseits kommt dieses

Unverständnis nicht überraschend, weil es kaum noch Monarchien im früheren Sinn gibt. Diesbezüglich könnte man zugestehen, dass dieses Fest insofern zu spät kommt, als es erst zwischen den beiden Weltkriegen für die gesamte Kirche eingeführt wurde.

Das heutige Evangelium zeigt allerdings, dass die Missverständnisse um das Königtum Jesu nicht neu sind; es handelt sich eben nicht um ein Herrschertum nach menschlichen Vorstellungen. Anlässlich der Kreuzigung wird Jesus ja nicht als König verehrt, sondern als solcher verspottet. Schon die Juden konnten also mit dem Königtum Jesu nichts anfangen. Denn für sie war das Königtum von Gott eingesetzt.

Nachdem dieses Königtum endgültig erloschen war, haben die Juden ihre Hoffnung auf den kommenden Messias gesetzt: dieser sollte ein neues Reich errichten und machtvoll im Namen Gottes regieren. In Fortsetzung dessen hat die junge Kirche hingegen schon sehr bald bezeugt, dass sich diese Hoffnungen Israels in Jesus, dem gekreuzigten und auferstandenen Herrn, erfüllt haben – allerdings anders, als die Juden erwartet hatten.

Auf diese Königsherrschaft Jesu dürfte sich als erster ein Verbrecher verlassen haben, der mit Jesus gekreuzigt wurde. Von der Aufnahme in dieses Reich hat jener Mann sein Heil erwartet. Wir Christen glauben, dass der Kreuzestod Jesu eine wahre Thronbesteigung und zugleich ein Programm ist. Denn das Kreuz macht deutlich, dass Jesus nicht gekommen ist, um jemanden in den Tod zu schicken, sondern um sein Leben zu geben, damit wir das Leben haben.

Dies wird in der Auferstehung von den Toten bestätigt. In das Reich Jesu gelangt man nicht durch Übersiedlung oder vornehme Geburt, der Weg dorthin führt über das Kreuz und die Bereitschaft, wie Christus der König zu leben und den anderen zu dienen. Dies wird mit dem heutigen Fest wie mit dem Schlussakkord einer Symphonie besiegelt.

MIX
Papier aus verantwortungsvollen Quellen
Paper from responsible sources
FSC® C105338

Printed by Books on Demand GmbH, Norderstedt / Germany